¿POR QUÉ TRIUNFAN O FRACASAN ALGUNOS EMPRENDEDORES?

¿POR QUÉ TRIUNFAN O FRACASAN ALGUNOS EMPRENDEDORES?

POR QUÉ TRIUNFAN O FRACASAN ALGUNOS EMPRENDEDORES

Por José Rafael López Gómez

Gestora de la Propiedad Intelectual en Zaragoza –España– Agencia no./09/108328
Catastro de la Propiedad Intelectual en Aragón (España) (Real Decree1/1996, 12 de abril Legalización registrado, 27 de abril 1983.

Autor José Rafael López Gómez.
Edición revisada y ampliada por su autor en 2013. Es es Propietario de todos los derechos,

ISBN 13: 978-1493779109

ISBN 10: 1493779109

Sinópsis

Es un manual al uso para el emprendedor, que no se basa en criterios "teóricos económicos o financieros propiamente dichos". Como su autor, he querido compartir mi larga experiencia como emprendedor, facilitando el camino a muchas personas que hayan pensado en crear su propio negocio e independencia financiera, y no sepan a que dedicarse ni como comenzar. El libro comprende un listado detallado de aquellos aspectos que deberá tener en cuenta y de los frecuentes problemas prácticos con los que se pueda encontrar el emprendedor. Explica con claridad, las diferentes actuaciones de cómo iniciar diversos negocios desde su planificación desarrollo y puesta en funcionamiento, hasta llegar al consumidor. Sectores recomendados, y todo cuanto es de necesidad conocer para no fracasar en el intento. <Después de una larga y dilatada experiencia en el tiempo, no deja por ello de ser una guía sumamente útil en la actualidad más inmediata en estos tiempos de crisis, haciéndole ver al futuro emprendedor, que este, quizás no surge solo de la vocación sino de la necesidad de no verse atado a un improbable trabajo por cuenta ajena que puede fallarnos en cualquier momento Este manual, está destinado para aquellas personas que, incluso sin mucha preparación, puedan acometer actividades como empresarios que se quieran independizar, y también para esos otros que habiendo sido emprendedores, no hayan encontrado el éxito que buscaban.

José Rafael López Gómez –español- Después del instituto y antes de los veinte años, obtuve la diplomatura de Maestría Industrial por. La Escuela Universitaria de Ingeniería Técnica Industrial de Barcelona (EUETIB), y así se la sigue identificando. Durante cien años, la escuela ha formado miles de técnicos conocidos como peritos, directores de industrias, técnicos industriales, peritos industriales, ingenieros técnicos y, finalmente, ingenieros técnicos industriales. Todos ellos han sido agentes activos en la construcción de la Cataluña que hoy conocemos.(Informe de la Escuela Universitaria.)

¿POR QUÉ TRIUNFAN O FRACASAN ALGUNOS EMPRENDEDORES?

Instalaciones comerciales" " "Servicio al hogar" "Creación empleo" "Construcción por gremios" "Estrategias comerciales" "Fabricación de productos" "Secreteos empresariales""
Planificación de negocios" "Montaje de negocios" "Compras y ventas

EL ÉXITO, SI SE BUSCA SE ENCUENTRA, PERO HAY QUE QUERER.
Este manual contiene los (Capítulos para emprendedores)
1ª parte de la obra completa:

(La Conquista de la Libertad Económica 2ª edición)
En español e inglés.

¿Si ha pensado montar un negocio o crear su propio trabajo y no sabe a que dedicarse ni como comenzar?
No busque más, aquí encontrará lo que busca.

¿POR QUÉ TRIUNFAN O FRACASAN ALGUNOS EMPRENDEDORES?

INTRODUCCIÓN. 4

Estimados amigos, la suerte es un prodigioso milagro que todos llevamos al nacer, y que si nos lo proponemos, la manejaremos y conduciremos hacia nuestros objetivos con gran facilidad. Si te atienes a mis sugerencias, por la experiencia acumulada a lo largo de cincuenta años, la suerte formará parte de ti, llegando a ser tu compañera inseparable.
A mi modo de ver, la suerte es contagiosa, y voy a tratar de transmitirte la mía que conmigo fue generosa. Conocerás, como hice para llegar hasta el final de mis días, sin depender de otras personas. Fui libre por que así me lo propuse. Con mi mensaje aprenderás como crear una vida independiente para siempre.
Para ser GANADOR, no hay trucos, solo hay que **PROPONERSELO UNO MISMO.** Si lo deseas de corazón, la suerte te acompañará en cuantos proyectos realices, hasta el final de tus días.
El éxito de cualquier acto de nuestra vida no es consecuencia de la casualidad.
<u>**La principal autora de nuestra suerte y de cuanto hacemos, la decide nuestra mente, acompañada de nuestra intuición y guiada por nuestros sentimientos y entusiasmos.**</u>

Vuestra dedicación y mi experiencia, formarán el mejor equipo para conquistar vuestros propósitos. Yo puedo ayudar pero sin vuestra colaboración no será posible. Mi capacidad de trabajo era tan descomunal.....Que si me hubieran vendido la Giralda para pagar a plazos la hubiera comprado. Era una forma de ver al mundo, me voy retratando para que te valga, y para que puedas mirar los negocios desde arriba, como una cosa fácil de realizar. No olvides, que la riqueza la llevamos en el corazón, y que todo dependerá del uso que le demos. Así que, adelante y manos a la obra.

LA FORMA MÁS RELEVANTE Y EFINITIVA PARA MONTAR UN NEGOCIO SEGURO.

Combatir la crisis de empleo, la creación de trabajo independiente, y pequeños o grandes negocios, será nuestra finalidad. Algunos

gobiernos dicen; Todos los ciudadanos tienen derecho a un trabajo digno; (en lo que estamos de acuerdo) pero...
¿Quiénes lo crearán? ¿Quién crearan trabajo para tanto desempleado? Y aquí es donde entramos nosotros. "Los Emprendedores" Con nuestros relatos y vuestra participación, Usted, encontrará el camino para iniciar su propia libertad económica, y ya no habrá quien le detenga. Entonces "podrá decidir" lo que quiere hacer con su vida.
Lea nuestro mensaje hasta el final, y hoy, habrá sido "Un Gran día para Usted".
Lo que se explica en este manual, no son "copias de la experiencia de otros", son las propias experiencias del autor, y de los diferentes negocios en los que participó a lo largo de toda una vida dedicado como "negociante y emprendedor".Si usted no ha trabajado nunca, ha terminado sus estudios, ha cerrado su negocio por la crisis, o ha sido despedido de la empresa en la que trabajaba.

¡PIENSE QUE NO ESTÁ SOLO!
Y que nuestras experiencias se convertirán en sus **"PODERES DE ÉXITO".**

Si se lo propone, **"SOLO USTED"** será el **"ACTOR Y AUTOR PRINCIPAL** en su vida, para conseguir grandes conquistas", y como consecuencia, se convertirá en creador de empleo para usted y para otros, llegando a conocer con veracidad, "Porqué se triunfa o fracasa en los negocios". Pudiendo evitar con anterioridad, errores antes de que ocurran. Conocerá, como se puede crear trabajo y ganar dinero para nosotros, y para nuestros colaboradores. Antes de emprender ningún tipo de negocio deberá aprovecharse de nuestro asesoramiento, y conocer;
"LO QUE LOS NEGOCIANTES SABEN Y NO DICEN".

Conocido nuestro mensaje, "descubrirá" el tiempo que ha perdido trabajando para otros. Ser negociante independiente partiendo de poco, no es tan difícil. **Lo difícil será, QUERER,** y en mis relatos, leerá todo cuanto "necesita saber para conseguirlo".

¿CONOCE ALGÚN NEGOCIANTE POBRE?

¡Imposible!. NO existen los negociantes pobres. Quiere saber cómo negociar en cualquier actividad aunque la desconozca y no fracasar en el intento? Nuestra experiencia está a su alcance. Aprovéchese de ella.
Conozca de UN EMPRENDEDOR, lo que aprendió en diferentes actividades, durante toda su vida como negociante, y aproveche la oportunidad de descubrir, como se puede construir un Imperio partiendo de nada.

La capacidad mental de razonar, planear, solucionar problemas y entender ideas de negocios, se aprende con los años de trabajo y de lucha, y es aquí donde recibirá la mejor y mayor información para conseguir el Éxito como emprendedor.

Usted dirá, bueno, con los estudios de economía también se aprende. Claro que sí, pero después de los estudios ha de venir la practica. Y Aquí es donde recibirá el aprendizaje de esa práctica que necesita cualquier nuevo emprendedor, aunque carezca de estudios de economía.
Si Usted lo desea de corazón, podrá encontrar la felicidad trabajando. Usted, al recibir la mayor lección de economía en negocios populares, habrá abierto una ventana al futuro que ha tenido cerrada, y por la que entrará un rayo de felicidad, que en algún momento, "todos necesitamos". Si no tiene experiencia como negociante y quiere probar suerte sin ningún asesoramiento, usted es dueño de sus actos y puede hacer lo que desee.
Hay quien piensa, instalare -tal negocio para probar-. Con esa actitud, muchos emprendedores fracasaron por no aprovecharse de la experiencia de otros. Usted es único en el mundo, y nadie le impide llegar hasta donde se proponga. Para emprender un pequeño negocio, no es de necesidad conocer un oficio o profesión. Lo más importante para conseguir el éxito será, que lo desee de corazón. Entonces, ahí estaré yo para que no fracase.
No olvide, que sus deseos de conquista, acompañados de mi experiencia, moverá montañas en cualquier actividad popular. Nuestro mensaje es el resultado de toda una vida de aventuras como

negociante, donde podrá conocer sus más íntimos entresijos, de los muchos negocios en los que participé.

El "negociante" es algo parecido a un guerrillero en la sombra, que fragua y planifica sus batallas con sus pensamientos, tejiendo y desarrollando en su mente, formas y maneras de invertir su tiempo y su dinero "GANANDO". Podríamos decir que; un negociante acaba siendo un GANADOR, por la práctica de hacer negocios.

Después de pocos años de actividad, y habiéndose valido de nuestros mensajes, Usted habrá crecido tanto económicamente, que ni sus mas cercanos amigos o familiares le reconocerán. Si está dispuesto a traspasar la frontera que existe entre - ser empleado o independiente - trabajar por su cuenta, y no tiene muy claro a que dedicarse, no se preocupe, aquí hallará el camino más fácil para comenzar, aunque no disponga de dinero. Siga leyendo con atención. Y no decida nada hasta que no concluya mi informe.

Comenzará cualquier negocio con plena seguridad de éxito, si se deja asesorar por un emprendedor con cerca de cincuenta años de experiencia, la que dedicó a "comprar y vender". ¿De que cosas? Son tantos los ejemplos de negocios, de los que hablo en mi libro, que serán suficientes para que abran en su conciencia, ansias de conquista. Irá conociendo tantas formas de planificar negocios, que su tiempo de pensar y actuar, será de oro. No Importa el tipo de negocio que inicie con tal de que haya beneficios, dentro de la legalidad. ¿Sabe, que el diablo, (sabe más por viejo) que por diablo? ¿Sabe que los abogados venden sus consejos, por dinero?

¿Y que cualquier tipo de información y asesoramiento es un servicio que se ha de pagar?

¿Conoce alguna actividad que no se haga por dinero? Conoce alguien que le pueda llevar hasta el Éxito?

¿Sabe que lo que encierra este manual puede ser el comienzo de un camino interminable de éxitos para un emprendedor?
Nuestro manual es único y diferente. Todo se trata de comprar o vender, sean de servicios, comercio o fabricación.

¿Sabe que ningún negociante termina sus días viviendo de la caridad?
¿Sabe que un negociante vive mejor, a costa de su esfuerzo y dedicación? No le importe que un negocio sea modesto o desconocido para usted, porque si va acompañado de experiencias como las nuestras, los problemas que suelen surgir en cualquier nueva actividad los conocerá antes de que aparezcan. Medite con atención cada párrafo que sigue

¿Sabe que todos nacemos con alguna cualidad que nos puede ayudar a triunfar, tanto, si somos ricos o pobres o de cualquier raza? ¿Sabe que la "suerte" es un – don- que todos llevamos al nacer, y que dependerá de nosotros mismos, que esta suerte se ponga de nuestro lado, y como hacer, para que acuda en nuestra ayuda para siempre? Aquí, sabrá como conseguirlo. Si usted desea vivir una vida plena de aventuras y no terminar sus días en la mediocridad económica, cuando lea mis escritos conocerá el como y el porque, de la riqueza y la pobreza. ¿Conoce las debilidades de los consumidores y como funcionan las ventas de cualquier producto?

¿Sabe con cuantos beneficios trabajan los comerciantes y fabricantes de cualquier actividad de negocio y los productos que mas se consumen? ¿Sabe que una hora de-trato-, vale más que cien horas de trabajo? ¿Y que el burro que más trabaja, más roto tiene el aparejo?

¿Conoce los lugares preferentes en una ciudad, donde se pueden instalar negocios seguros y donde no? ¿Y la forma de averiguar los artículos o productos que mas venta tienen?

¿Piensa, que podría instalar un negocio de algo que ha pensado, o que ha visto instalado, con el que obtener buenos beneficios y tener el éxito asegurado? ¿Piensa que podría instalar un negocio por que conoce el gremio, el oficio, o es profesional, y le parece que podría hacerlo muy bien? Puede que si, si antes aprende a "negociar".

¿Sabe que un negociante, en sus momentos de pensar en negocios, -siempre esta en guardia por naturaleza-? Y que lleva en su mente, -consumidores-, -beneficios-, -instalaciones-, -comisiones-,-inversiones-, lugares estratégicos para hacer negocio-,

¿Que compro? ¿Cuando vendo? ¿Como y a quien? y muchas otras ideas que desarrollará, cuando se encuentre inmerso en esta bendita locura como negociante.

¿Piensa, que con instalar un negocio de cualquier tipo, copiando alguno de los que ha visto que se encuentran en el mercado de consumo, y por hacer una buena instalación, las ventas se producirán en cascada? No es tan fácil. Son muchos los nuevos emprendedores que disponiendo de suficiente dinero, también se equivocaron. Al comienzo de cualquier actividad, el dinero es importante, pero, no son menos importantes las "ideas". Sus ideas, unidas a mi experiencia, no habrá negocio que se le resista. Una de las formulas de mis éxitos, siempre estuvo, en pensar en lo que desean los consumidores, y ponerme en su lugar como consumidor. Después no olvidar nunca, el buen servicio, calidad, y precio y ser competitivo. Con la competencia se pueden mover montañas de cualquier producto, y su patrimonio siempre seguirá creciendo.

(Al Mundo no lo mueven las maquinas, lo mueven las ideas) Mark Twain.

¿Se siente capaz de fabricar artículos con los mínimos costos y organizar una línea de fabricación hasta llegar a su distribución con éxito de ventas?

¿Puedes adivinar por intuición, "o experiencia" donde puede funcionar o no, determinado negocio que lleva en la cabeza antes de instalarlo?

¿Sería capaz de dar un cambio o nueva orientación a un producto o artículo - de los que se encuentra en el mercado -, cambiando su formato las dosis de sus contenidos sin alterar las formulas base, que parezca -un nuevo producto,- y negociarlo para que acabe en un éxito seguro, y legal?

¿Sería capaz de adivinar las ventas que conseguirá de un negocio que piensa instalar en un lugar que le parece bueno, con solo ver el sector y la circulación de personas? ¿Sabría como iniciar la fabricación de un artículo, llevarlo a una feria de muestras, y poder comprobar si ese artículo es vendible, sin darse de alta como fabricante hasta comprobar que su idea era buena, y que ese producto o servicio le interesa al consumidor?

¿Conoce como funcionan las ferias de muestras y franquicias de cualquier actividad, como exponente de algún artículo para su venta al por mayor?

¿Ha visitado alguna vez las ferias de muestras y franquicias? No sabe lo que se ha perdido. ¿Sabe que en la publicidad se gasta plata y se recoge oro?

¿Sabría detectar, -antes de hacer la instalación de un local de negocio? ¿Si funcionará, y la posibilidad de ventas que podría haber?

¿Sabría calcular los gastos generales y las ventas de un futuro negocio que tiene pensado, antes de instalarlo? ¿Sabe lo importante que es al hacer un contrato de arriendo, y haber pensado en su final antes de firmarlo?
¿Sabe que no hay emprendedor que se inicia como tal en cualquier actividad o país, que no acabe sus días como "negociante sin problemas económicos"?

¿Sabe como hacer para que un emprendedor que no acierta en su negocio, descubra en que se equivoco y lo pueda hacer funcionar de nuevo hasta conseguir el éxito?

¿Sabe, que alguna parte del éxito de cualquier tipo de negocio depende de ideas, planificaciones y planes de comercialización antes de instalarlo?
¿Piensa que para iniciar un pequeño negocio ha de disponer de mucho dinero? A veces, y dependiendo de cada tipo de negocio para comenzar, no se necesitará tanto como cree, lo que podrá comprobar en nuestro mensaje.

¿Sabría como instalar un negocio de servicios, reparaciones y reformas de todo tipo, en los que intervinieran toda clase de oficios y profesiones como pudieran ser; albañiles, fontaneros, electricistas, carpinteros, herreros, escayolistas, aluminio, y toda clase de oficios, disponiendo de solo un local comercial y el personal necesarios- según el volumen del negocio- para informar y hacer pedidos? Todo, esta previsto y detallado en nuestro manual.

¿Sabría como organizar infinidad de trabajos a comisión sin exponer ningún capital, sin moverse de la oficina o local comercial, sin hacer ningún esfuerzo físico por su parte, sin empleados y ganar lo suficiente, al haber descubierto un buen negocio? Teniendo en cuenta, que la "necesidad de algún empleado de atención al cliente", multiplicaría las ventas y los ingresos.

¿Sabría organizar un negocio -como comercio de servicios y suministros para el hogar-, en el que pudiera tener en exposición todo tipo de elementos, mobiliario y catálogos correspondientes para amueblar un hogar o vivienda, sin hacer ningún gran desembolso económico por su parte, y poder vender a plazos a pagar hasta en cinco años, sin disponer de un gran capital? Salvo la instalación del local, el que podría ser arrendado.

¿Sabría como organizar - (de principio a fin) - un comercio especialista en solo "venta de sillas" de muchos y variados modelos, sin necesidad se mucho capital? Negocio que funciona a la perfección en ciudades. Aprenderá a organizar su instalación, la busca de fabricantes de sillas, su comercialización, transporte y todo lo necesario para poner ese negocio en funcionamiento, haciendo ventas a plazos sin poner nuestro dinero en riesgo.

¿Sabría como vender un terreno de "secano o regadío" en llano o montaña, para huertos familiares, sin salirse de la ley? Todo cuanto relato, está previsto y explicado en nuestros manuales. Según la historia, recordará a Napoleón Bonaparte, -que de soldado llegó a Emperador de Francia-, que planificaba las batallas de madrugada, y que sus éxitos dependían de las muchas horas que dedicaba a pensar y planificar.

¿**Sabe lo importante que es "pensar"** y planificar, tanto los productos a fabricar y comercializar, como el de elegir con seguridad el sector de la población al que dirigirse y lugar en la que instalarse? ¿Sabe que las batallas, tanto sean en las guerras como en los negocios, se ganan con el pensamiento y su planificación, antes de acometerlas?

¿**Sabría como organizar cualquier tipo de negocio de HOSTELERIA**, desde la localización del local en el lugar adecuado, capacidad y distribución del mismo, para la instalación y comercialización de negocios de **bocadillos, bares, cafeterías, heladerías, restaurantes, autoservicios, Comidas para llevar, Restaurantes para banquetes, Servicios de catering a empresas y negocios, y lugares más idóneos para cada tipo de negocio, tanto sean de hostelería, como de cualquier otro producto de servicio o consumo.**

EL manual de Hostelería lo encontrará igualmente en Amazon con el nombre

POR QUÉ FRACASAN ALGUNOS EMPRENDEDORES EN HOSTELERÍA.

¿Es usted un negociante con experiencia, que cualquier tipo de negocio de los que hablo, no tiene secretos para Usted? Si se contesta a si mismo que sabe hacer todos esos negocios y muchos más que explico en mis escrito, ya puedes abandonar esta página. No me necesita.

¿Si lo que pretende es crecer como "persona negociadora" en cualquier actividad de negocio, y asegurarse un futuro, seguro e independiente? Abandonar esta página sería su mayor error. Desde el comienzo de esta lectura, puede haber vislumbrado, como se puede crear un imperio partiendo de poco. Ahora está perdiendo unos minutos, que tal vez sean muy valiosos para usted. Tenga paciencia, y pierda unos pocos más, los que le servirán para descubrir, porqué los ricos son cada vez más ricos, y los pobres cada vez más pobres.

Felicidades por haber llegado hasta aquí. Está demostrándose a usted mismo, que no descansará hasta que encuentre el camino. Siga adelante con sus ideas de independencia. Salte cuantos obstáculos

encuentre, y no consienta que nadie interfiera en sus pensamientos
emprendedoresactivos@gmail.com

Saludos.

Rafael López.

CAPÍTULO-1º- 5

PRIMEROS PENSAMIENTOS   6

Cuando pensamos por primera vez en poner un negocio, algo se está despertando en nuestra conciencia, sin imaginarnos lo grandioso de esa idea. En principio, dudarás de con qué tipo de negocio comenzar. La desorientación es muy común en los que piensan por primera vez en emprender un negocio sin tener nada decidido. O tal vez tengan las ideas claras y los conocimientos suficientes para elegir la actividad a la que te quieren dedicar. La profesión de emprendedor es como la de cualquier otro trabajo, se aprende a negociar con la práctica de hacer negocios, igual que el médico aprende a curar con la práctica con los enfermos después de los correspondientes estudios.
Cuando acudimos a solicitar un nuevo trabajo, la primera pregunta que nos hacen es si poseemos una carrera universitaria o una especialidad como profesión. ¿Qué experiencia tiene? ¿Qué sabe hacer? Este manual ha sido escrito para personas que no estén conformes con ser empleados toda su vida en las empresas de otros, y que sus pensamientos estén puestos en desarrollar y aprovechar su tiempo para conseguir y colmar sus ambiciones de independencia. Elegir con inteligencia el camino más idóneo y acertado que más te convenga no suele ser tan fácil. No te preocupes, este libro no te dejará dormir hasta que no lo hayas leído, si eres como yo creo.
Aquí hallarás recomendaciones, que te servirán como aviso para evitar a tiempo los frecuentes errores que se cometen al comienzo de cualquier actividad empresarial.
A lo largo de tu trayectoria como emprendedor, cada negocio que emprendas podrá ser un éxito. Encontrarás sugerencias de negocios y sus planificaciones que valorarás en su conjunto, y que te servirán como modelo y orientación para que puedas desarrollar sus propias ideas en otras actividades. El futuro emprendedor necesita oír de alguien que le enseñe a descubrir cómo se mueve el dinero de verdad en negocios populares, y quién mejor que un emprendedor con cincuenta años de experiencia.

Cuando se trabaja como empleado, nuestro tiempo libre es tan limitado que el día se va entre ir y venir al trabajo Nuestro tiempo solo vale para trabajar para otros. No nos deja tiempo ni para pensar, ni ver lo que hay más allá de esa muralla invisible que nos rodea... Hay nuevos horizontes que solo descubrirás si descorres esa cortina que no te deja ver lo que se mueve a nuestro alrededor. Cuando la descorres un poco, enseguida comprendes que el mundo es bastante más grande. Con mis relatos te ayudaré a descubrir ese mundo apasionante y maravilloso de los negocios, y a partir de que seas otro emprendedor más, tu tiempo aumentará de valor. No vale decir, he puesto un negocio para probar, tenerlo en manos ajenas, e ir de vez en cuando a ver qué tal va. Esas palabras no se oirán nunca en la boca de un empresario con experiencia y dinero. Hay que estar al tanto del negocio y ayudarlo cada vez más, para que ese proyecto se desarrolle con eficacia y llegue a buen fin.

Con esta lectura, conocerás cómo instalar y desarrollar diferentes negocios, y sus interioridades y funcionamiento. También te servirán, para que las puedas aplicar a los que lleves en tu pensamiento como modelo de muestra. En adelante seré tu guía, y mi experiencia será tu equipaje hacia ese futuro prometedor. No solo te abriré el camino para que no fracases en tu primer negocio. También aprenderás formas de hacer, para que sin conocer ese tipo de negocio que quieres emprender, aplicando mi experiencia, tu colaboración y tus propias ideas, puedas salir triunfante.

EL MIEDO, ES LA DISCULPA EVITAR RIESGOS.

Si no conoces el mundo de la empresa, puede que tengas una vaga idea por lo que oyes de otros, pero no todo es verdad. Cuando surge un problema y provoca claras dificultades por no haber estudiado el proyecto detenidamente, todo serán conjeturas para acertar soluciones, en ese momento surge el valeroso y futuro emprendedor decidido, que no tienen miedo a nada, y que inicia la aventura dispuesto a salvar cuantos obstáculos se presenten. Al resolverlos por ti mismo, descubres que eran unos problemas tan simples, que las dificultades eran imaginarias.

Las personas pocos animosas y sin espíritu de superación, siempre encuentran una disculpa para evitar responsabilidades, soslayando cualquier problema. El fracaso es su equipaje. Si no existiera el miedo a lo desconocido cualquiera entraría en el mundo de los negocios. Entonces habría tantos emprendedores que no sería negocio para ninguno. Gracias al miedo y a la poca decisión de unos, crecen los otros. Está bien claro que entre los emprendedores hay diferencia de edad, sexo y religión, pero lo que no se puede negar es que son los verdaderos conquistadores. Cuando oigas decir "yo no quiero ser emprendedor" aparta a estas personas, hasta que las necesites para darle trabajo. Con ellos no se habría descubierto ningún continente, ni se habría inventado nada, aún estaríamos en la oscuridad de los tiempos. No obstante, son muy necesarias como consumidores y como empleados para que el mundo de los negocios no se detenga.

INDEPENDENCIA Y LIBERTAD ECONÓMICA. 8

La libertad del emprendedor es la de tener el compromiso de entrega con uno mismo. Con el pasar del tiempo, acabarás convertido en ese guerrero que cruzó la raya. Como empresario, participarás y tendrás la oportunidad de ser uno más, que se entregó al bien de la sociedad. Recogerás los beneficios de tu esfuerzo y suficientes satisfacciones como para alegrarte de haber elegido tu propio camino. Cuando seas mayor, no tendrás ni el vigor ni la buena salud que tiene la juventud, pero si has sido inteligente habrás hecho reservas que te garanticen no tener que acudir a nadie para poder disfrutar de un bienestar. Cuando más se necesita una buena economía es al final de los años, y de ti dependerá tener una vejez sin apuros. Trabajar pensado en tu futuro y en los tuyos puede ser una buena meta. Si no decides ser emprendedor, toda la vida serás un vehículo de producción, sin más esperanza que la jubilación.
Querido lector, con mi altisonante dialéctica, solo pretendo que despierte ese animal que todos llevamos dentro y que con rabia diga para sí mismo: Se acabó, ¡Hasta aquí he llegado sin hacer nada importante con mi vida! Mi obligación reside en animarte a que te hagas negociante. Sé que en algunos párrafos no soy bien recibido pero, ¿Cómo le podré levantar el ánimo a nadie si no le digo lo que se está perdiendo? Le brindo mi experiencia para que se haga rico. Así que, si en algo me he pasado, démoslo por bien empleado

Además, tengo hijos universitarios y los comprendo. No te dejes llevar por la pasividad. Cuando termines de leer este manual, pensarás: ¿Pero cómo he tardado tanto tiempo en ver lo que me rodea? Aprenderás a ganar dinero en pequeña escala para comenzar. Aplicando tus conocimientos y mi experiencia, formaremos un equipo difícil de vencer, y lo más interesante, que todo lo que ganes será suyo.

LA LIBERTAD NO TE ELIGE, LA ELIGES TÚ. 9

Si tu situación laboral hasta ahora ha sido la de trabajar por cuenta ajena y quieres entrar en el mundo de los emprendedores, has de hacerte a la idea de que entras en un mundo de luchadores. Tanto la libertad como la independencia se compran con sacrificio y esfuerzo. Al principio no habrá horarios de trabajo, y será tu propio negocio el que te los marque según sus necesidades. Las personas sin sueños están muertas, son los sin rumbo y sin objetivos. Está demostrado que todos tenemos que trabajar o hacer algo útil para poder cubrir nuestras necesidades. Mi postura es, que es preferible ser cabeza de ratón que cola de león. Como cola de león puedes tener futuro en las empresas de otros mientras a estas le convenga, como cabeza de ratón el futuro será el de tu propia empresa, crecerás para ti y tendrás libertad para marcar tus propios objetivos. No te dejes contaminar por los enemigos del trabajo, ellos no piensan, y nunca podrán comprender la satisfacción que recibe el emprendedor cuando consigue que un modesto negocio salga triunfante en su aventura.

CUÁNDO SE INICIA UN NEGOCIO. 10

Puedes empezar con algo pequeño y con pocos recursos, pero cuando te quieres dar cuenta, ya estás metido como otro emprendedor más. Al poco tiempo te preguntarás a ti mismo pero ¿Cómo fui tan necio y estuve tan ciego y he tardado tanto en decidirme a trabajar por mi cuenta? Cuando se pierde ese miedo injustificado, se descubre otra forma de vivir. Entonces es cuando pierdes los complejos que no te dejaban ver, como se manejan el dinero de verdad. Tal vez te preguntes: ¿y si el negocio que emprenda no me sale bien? Es el riesgo que hay que correr. Si un negocio sale mal o regular, no puedes pensar a la ligera que fracasas por desconocimiento, posiblemente no hayas sido lo suficientemente precavido para estudiar el proyecto con detenimiento hasta en su más mínimo detalle. Puedes conocer un oficio o una profesión que según algunos, te garantizará el éxito.

¿Conoces el oficio de negociante? Aquí aprenderás a negociar. ¿Te has asesorado sobre lo que es y cómo funciona un negocio de cualquier tipo? También podría ser que pienses que, al poner un negocio, tu comportamiento ha de seguir como cuando trabajabas de empleado, esperando la campana o la sirena para terminar la jornada. Antes de instalar un negocio por primera vez, deberás conocer en parte cómo funciona esa actividad. Si la desconoces, podrías hacer algún cursillo gratuito que ofrecen los gobiernos autonómicos, o trabajar a sueldo en alguna empresa de ese gremio.

A veces, el sueldo puede ser secundario, si tu objetivo es ver como "se maneja" esa empresa por dentro. También lo podrás resolver con un profesional como empleado, durante el tiempo de la puesta en marcha. En el mundo de la empresa se corre algún riesgo, pero no tanto que no se pueda salir airoso, y en la mayoría de los casos se superan con facilidad. Gran parte de esta lectura está dedicada a las interioridades de diferentes negocios, que solo se aprenden después de muchos años. Un caso concreto de un amigo, por ejemplo. Este amigo tenía dos hijas que no habían finalizado sus estudios superiores y no había manera de que encontraran un trabajo a su medida. Los empleos poco cualificados eran muy bajos para ellas, y para los altos les faltaban conocimientos. Una de ellas, cansada de buscar, se colocó a trabajar como ayudante de cocina en un restaurante. A los pocos meses, entre ella y su hermana pusieron un negocio de pollos asados, después lo ampliaron a otro de comidas para llevar. Hace algunos años que no sé de ellos. Las últimas noticias que tuve fueron que instalaron un restaurante, y que lo llevan con la ayuda de diez empleados.

Este libro podría valerte como un cursillo para emprendedores, la diferencia está en que este texto no es una obra literaria para recrearse escribiendo o leyendo. En otros libros o escuelas se aprende mucho sobre la teoría, y como mucho, te llevan a visitar empresas o fábricas, pero no te dicen si esto está compuesto de estos productos, se puede fabricar así o se pueden vender con este sistema.

Todo lo que aprendas en algunas escuelas será muy importante, pero lo que aprendas de este libro será definitivo para que comprendas la realidad y lo básico que debe de conocer todo nuevo emprendedor sobre negocios populares. Como digo en algún otro lugar de este libro, las mayores empresas de todo el mundo compran otras empresas con dinero prestado, y lo pagan con los beneficios que obtienen de la empresa que compran. ¡Qué mala cosa para los que no tienen nada!, ¿verdad? Las cosas no están tan difíciles, lo importante es dar el primer paso, y con este libro estás casi salvado. Después, dependerá de ti hasta dónde quieras llegar.

ASESORAMIENTO POR SEGURIDAD. 10

Hay emprendedores que triunfan en el primer negocio que instalan, y algunos otros a los que les salen regular. A veces, no es porque sea un mal negocio sino porque no tuvieron la idea de asesorarse sobre lo que pretendían hacer, o no escogieron con habilidad el lugar de la batalla. Todos los trabajos o negocios necesitan sus técnicas y conocimientos, aunque nunca es imprescindible ser un maestro de la especialidad. Aquí explico bastantes de las cosas más importantes que debe saber un emprendedor, después estarás capacitado para emprender cualquier negocio corriente, que tendrás la obligación de hacerlo grande e importante. Inclusive, tal vez inicies alguno en el que hayas pensado alguna vez. Al ir acompañado de mi experiencia, la palabra fracaso la deberás borrar para siempre de tu mente y de tu diccionario particular. Encontrarás ideas y formas para aplicar en distintas actividades, las cuales coronarás con éxito. En este momento estás abriendo una ventana que has tenido cerrada y por la que entrará ese rayo de sol que te iluminará a lo largo del camino que te has propuesto.

EL NEGOCIO QUE ME SALIÓ MAL, 11

Los emprendedores nunca hablan de los fracasos, suele ser un dolor que se olvida.
Cuando llevaba ganado algún dinero con algún pequeño negocio, me parecía que sabía mucho. ¿La verdad?, prácticamente, y según mi forma de ver las cosas actualmente, no sabía nada. En aquel momento no encontré un libro como este, tan corriente en su desarrollo literal como en su eficacia y autoayuda.
Mi fracaso consistió en que no supe elegir el lugar idóneo al instalar un negocio de alimentación después de haberme dedicado a fruterías. Creí que ubicándolo en una zona de más categoría ganaría mucho dinero. La experiencia me demostró que era todo lo contrario, el dinero se gana con las masas de compradores, sean artículos caros o populares. De ahí viene mi carácter competitivo y objetivo en los negocios, los que voy relatando a lo lago de esta lectura, de la que doy suficientes referencias que te serán de gran utilidad. Cuando buscas trabajo, lo primero que te preguntan es: ¿A qué te has dedicado? ¿Qué sabes hacer? ¿Qué experiencia tiene y en qué? A veces te quedarás sorprendido con las preguntas. En los negocios es casi lo mismo, se necesita alguna experiencia para comenzar, pero no te preocupes, en este caso en concreto, tu experiencia soy yo, y no te quepa la menor duda de que si te aplicas en esta lectura no fracasarás.

LA IMPORTANCIA DE LA PLANIFICACIÓN. 12

"Vísteme despacio que tengo prisa", decía Napoleón a su ayuda de cámara. Este preparaba las batallas para ganarlas, –aunque perdiera alguna-, pensaba que las conquistas dependían de su planificación. Una buena planificación depende de la concentración de ideas y de si son estudiadas con calma e inteligencia.
Las batallas no se ganan ni con gritos ni con cacareos, diciendo lo que vas a hacer. Se ganan estudiando con severidad todos los frentes, y no confesándole a nadie tus proyectos. Napoleón preparaba las batallas de madrugada después de haber dormido tres o cuatro horas. Era el mejor momento para entregarse a sus proyectos. Con sus pensamientos y su soledad, planificaba las guerras a la luz de una vela. Momentos entrañables y grandiosos.

Las guerras y las conquistas las planificaba sobre papel para después llevarlas a cabo en los campos de batalla. En cualquier negocio que pienses, la primera batalla la ganarás con la planificación del proyecto, estando contigo y con tus pensamientos, ya que para pensar te bastas contigo mismo.

¿QUÉ TAL ME FUE EN MI PRIMER NEGOCIO? 13

Aún no tenía catorce años, y la cultura general que podían tener los hijos de una familia de recursos limitados. Una escuela municipal y un libro que abarcaba todo lo que podían enseñar en una escuela gratuita de aquel tiempo. (Un niño de hoy con ocho años sabe más que muchos adultos de aquel tiempo). Desde entonces hasta hoy han pasado más de sesenta años. Me preocupé, y fui aprendiendo lo que pude, aunque nunca se aprende lo suficiente. Emprendí la lucha que me había propuesto, que no era nada fácil; la carencia de medios era total pero llevaba en mi corazón la espina de lo poco de todo, y algo que no se puede comprar, -por mucho dinero que se tenga porque no tiene precio-, el germen y el afán de lucha, que nunca me abandonó.
A lo largo de ese tiempo, siempre he actuado como una esponja, o como un ladrón, empapándome y asimilando todo cuanto oía o veía. Bueno, a lo que estamos; mi primer negocio, si es que a esto se le puede llamar negocio, fue como fabricante de fideos (casi de tebeo). ¿La verdad?, no sabía en lo que me metía. Empecé a faltar a la escuela, a espaldas de mis padres, y me puse con otro amigo de mi edad a fabricar fideos en una habitación destartalada y casi al aire libre. Había quien me tildaba de imaginativo, atrevido y no sé cuántas cosas más. Mis mayores, acostumbrados a trabajar para otros, no comprendían que yo era diferente. Era tímido, pero el fuego que ardía en mi corazón me aupaba cada vez más en busca de lo desconocido.

CUANDO VEÍA HACER "CHURROS" EN FERIAS 14

Las máquinas de hacer churros, (masas fritas populares en España) que se veían en las ferias, me impresionaron desde la primera vez que las veí siendo pequeño. Un buen día le pregunté a un primo hermano, mecánico ajustador, bastante mayor que yo, si me quería hacer una máquina parecida a la de fabricar churros que se ven en las ferias, pero que en lugar de un agujero para churros tuviera muchos orificios pequeños por donde salieran hebras de masa. Me la construyó a regañadientes, siempre me escuchaba cuando le hablaba. Creía en mí, aunque fueras bastante más pequeño que él. Me hizo la máquina. Hice una masa muy dura, compuesta de agua y harina, la metí en la máquina e hice que saliera esta por los agujeros. La máquina expulsaba hebras de masa en forma de fideos y, según iban saliendo, cortaba con unas tijeras pequeñas cantidades de esas hebras, de unos veinte a veinticinco centímetros de largo, hacía con estas una rosca de varias vueltas al depositarlas sobre telas de alambre fino, sujetas por un marco de madera. Cuatro tacos de madera en las esquinas, y otra encima. Al día siguiente, ya estaban secos, a veces ayudados por un ventilador. Los metía en bolsas de papel de tres kilos de peso. Mi amigo me ayudaba en lo que podía, no es que fuese muy despierto, seguramente su tartamudez lo tenía acomplejado, pero era un buen amigo. Las primeras ganancias no fueron muchas, aunque valieron para que mis padres, y los de mi amigo Julián, se pusieran al corriente en el pago del alquiler del piso. Que hubiera faltado al colegio, a mis padres no le pareció tan grave, dadas las necesidades y las circunstancias del momento.

FABRICAR FIDEOS NO FUE PREMEDITADO 15

Tal vez fuese por mi preferencia a otras comidas, después comprendí que los niños tienen entre sus comidas preferidas la pasta..
Recuerdo que le pregunté a mi madre: "Mamá, ¿de qué hacen los fideos?". La contestación inmediata fue: "¡Yo qué sé!, ¡los harán con agua y harina!". Me puse a pensar y me pregunté: "¿Y si fabricara fideos?" Fue cuando decidí conseguir esa maquinita. Inicié la venta de fideos y casi no llegaba al mostrador en las tiendas de comestibles en las que los ofrecía. A veces me preguntaban quién era mi jefe, contestaba que era un señor y les decía que yo era el aprendiz. Al principio, los primeros dos días, los tenderos no me hacían mucho caso. Después me aprendí un estribillo, y se iban vendiendo. Por descontado que yo no había visto fabricar fideos, ni había vendido nada; bueno, no es verdad, cambiaba y vendía cromos y botones para jugar al fútbol, una especie de futbolín sobre el suelo,

con los que jugábamos en el colegio. Estos, posiblemente fueron mis primeros pinitos de negociante.

UN COMERCIAL EN EMBRIÓN. 16

Al tercer día, mi manera de presentarme en las tiendas para ofrecer los fideos no tenía nada que ver con la de los dos días anteriores, o tal vez tengan alguna relación con las enseñanzas que se imparten hoy día en las escuelas de negocios. Estuve observando a un representante que vendía embutidos en una de las tiendas en las que me tocó esperar. Descubrí que a vender se aprende, tomé buena nota de todas las mentiras o verdades que cacareaba aquel vendedor o representante, y que al final le compraban.

COMIENZAN LAS VENTAS. 17

Al establecimiento que entraba para vender los fideos, le soltaba una retahíla de palabras estudiadas, imitando al representante.. Les explicaba lo que aprendí de aquél, de la oportunidad de ganar dinero, del buen precio, de la calidad y demás, no les dejaba hablar hasta que no les soltaba el estribillo que me había aprendido de memoria. Cuando el tendero abría la boca era para decirme: "Bueno... ¿me podrías traer algunos para probar?". En ese momento salía a la puerta donde estaba mi amigo Julián con los paquetes de fideos. Este me entregaba la mercancía. Ponía dos bolsas sobre el mostrador, y le decía: "Aquí tiene seis kilos, tres de finos y tres de gruesos. Ya verá qué bien los vende", y demás... Me los pagaba en el acto, y a la semana siguiente le llevaba otro tanto. El negocio no duró mucho, mis padres no me entendían, me colocaron a trabajar de aprendiz de pastelero y, con el hambre que había, comía tantos pasteles que no necesitaba comer en mi casa. Bueno... los niños y los pasteles no están muy reñidos en ninguna época. Está bien claro que me rebelé contra las tradiciones. No quería ser obrero de otros, quería trabajar para mí, aunque en ese momento no supiera muy bien lo que deseaba.

¿QUE SI EL NEGOCIO DE FIDEOS ERA LEGAL? 18

No sé, en aquel tiempo puede que todo valiera, o eso es lo que a mí me parecía. Esto ha sido un simple relato de unas de las muchas hazañas de un niño que, inconscientemente, había decidido ser algún día empresario. Alguna vez oí decir: "Dios aprieta pero no ahoga". Las carencias y las necesidades de todo tipo y la multitud de sueños por alcanzar, fueron factores determinantes que engendraron en mi corazón la idea de querer llegar a ser algo. Estaba seguro de que quería trabajar para mí, me inventé mi propia libertad y lo conseguí.

EL IMBERBE COMERCIAL. 19

Algunos años, y al recordar mis pinitos de fabricante de fideos, me daba cuenta de que cuando vendía fideos me estaba convirtiendo -en lo que con el tiempo-, sería un negociante intuitivo capaz de vender lo que aún no se hubiese inventado. El trabajo o empleo como comercial en una empresa ajena, es una buena escuela para entrar en el mundo de los negocios, ¿Y qué mejor experiencia para ser emprendedor sin arriesgar nuestro propio dinero? Hay personas a las que les ofrecen el trabajo de comercial y lo rechazan, "tienen miedo" de ser vendedores. Es otra gran ventaja para los que tengan ideas de independencia. El trabajo de vendedor es una escuela gratuita, además, te pagan por ello. Hay que tomar la parte positiva de las cosas.

Si tú, lector o lectora, has pensado alguna vez en trabajar por tu cuenta y no tienes confianza en ti mismo, búscate rápidamente un trabajo de vendedor, esa puede ser la primera puerta que se te abra en el mundo de los negocios. ¿Que no son tuyos los negocios?, ¡qué importa!, ya tendrás la oportunidad de aprender y copiar fórmulas de trabajo que te ayudarán a subir el primer tramo de tu propia escalera.

LAS CARENCIAS DESPIERTAN EL INGENIO. 20

La excesiva alimentación atrofia el cerebro. El comer mucho no nos deja pensar. Viví algunas privaciones y después comprendí que jugaba con ventaja sobre algunos de los niños de mi época que estuvieron mejor alimentados que yo. Al volverlos a ver después de muchos años quedé sorprendido, todos los que me encontré trabajaban para otro, eran empleados de distintas empresas. En ese momento no lo podía comprender, no me podía imaginar que todos fueran asalariados: "¡De buena me libré!", pensé en ese momento, y me pregunté: "¿Es posible que todos mis amigos de la infancia que encuentro sean empleados a sueldo?". Sin embargo, entiendo que ha de haber de todo, emprendedores y trabajadores, para que el mundo siga funcionando. Al leer estas líneas comprenderás que mi único fin es que sean muchas las personas que consigan triunfar como emprendedores. Hoy día está de moda enseñar a estudiar. Tienes que aprender a negociar, y con las prácticas como vendedor o vendedora tendrás la oportunidad de ser comerciante antes de establecerte por tu cuenta. Ya sabes lo que se dice, que el sabe no ocupa lugar.

¿QUIÉN TIENE EL CEREBRO VACÍO? 21

¿Nadie? Todos tenemos algo dentro. Hay personas, que por no hacer nada, ni estudian ni se molestan en pensar para desarrollar su inteligencia, sin saber lo que se pierden. Las personas que no emplean el cerebro, al parecer, no tienen inquietudes ni sueños, son consumidores compulsivos que todo se lo han de dar hecho, pensado y elaborado, y si la comida la vendieran masticada, ellos se apuntarían los primeros. Estas personas que no quieren pensar son muy necesarias para los emprendedores.
Los empresarios tienen que estar agradecidos de que existan personas sin ideas y con pocas ganas de luchar por su INDEPENDENCIA. Ellos, con su participación como empleados y su colaboración como consumidores, hacen grandes a las pequeñas empresas. Las ideas de negocios que leerás en este libro te irán alentando, y tal vez te vayan transformando en un futuro emprendedor
Si has concebido una idea, ten paciencia, ya encontrarás la forma de hacerla realidad. Según vayas leyendo irás comprendiendo lo fácil que es llevar adelante un negocio. Paso a paso te iré poniendo ejemplos y fórmulas de trabajo asimiladas por la práctica, para que el comienzo te sea más fácil de lo que a mí me fue. Después de lo que aprendas con este libro, serás tú el que te pongas las metas, de hasta dónde quieres llegar. Desde hoy mismo has de pensar, que

tú eres un ser único en el universo, y que por insignificante que parezcas ante la sociedad, eres diferente. De ti dependerá conseguir que brilles con luz propia. Personas con más dinero, con más conocimientos y, si quieres, con más oportunidades, habrá muchas.

NO olvides, que - Para Ti- no habrá persona más importante que tú. Si tú no existieras, nada sería importante.

Debes acostumbrarte a ver a tus semejantes como personas, tal vez un poco más bajitas que tú. Alguien te podría decir que los mires como a enanos, eso es cosa tuya, ya aprenderás a verlos como consumidores que también son muy importantes. Lo verdaderamente crucial es no demostrar superioridad ni inferioridad ante nadie, ellos por sí mismos descubrirán cómo eres. La gente es buena, y algunos, hasta valientes, según ellos, pero si las agallas las vendieran en el rastro, habría cola para comprar.

LOS PRIMEROS PELDAÑOS DE LA ESCALERA. 22

La torre de tus sueños tendrá tantos peldaños como los que quieras subir. Cada tramo de la escalera se podría comparar con cada negocio que emprendes, el primero te costará algún trabajo, y más si vas cargado con un préstamo; después irás subiendo con más facilidad, según vayas soltando "lastre" o cancelando deudas. Está demostrado que sin tomar préstamos para ampliar o poner negocios no se prospera. Con el tiempo descubrirás que, si quieres crecer económicamente, lo has de conseguir con dinero de otros. Con el dinero que te prestan compras hoy y pagas en el futuro, y si ese dinero lo pones a trabajar obtendrás beneficios para tu crecimiento, y a la vez que pagar intereses. No esperes a tener dinero para comprarte una casa, cuando lo hayas reunido valdrá el doble. Si lees el periódico Expansión, o cualquier otro de economía, verás que cuanto más grandes son las empresas, más préstamos piden para poner otras. Las escaleras de esas empresas no tienen final, siguen creciendo con préstamos y pagando estos con las ganancias de los nuevos negocios que adquieren.

LA PROFESIÓN DE NEGOCIANTE. 23

Dicen que los principios son lo difícil, y puede que tengan razón, pero lo verdaderamente importante es acertar al elegir el lugar en el que instalas el negocio, la profesión que ejercitar y a la clase de personas a las que te dirijas como consumidores de tus productos o ¿Verdad, que no instalarías un negocio de zapatos en la ciudad de los cojos? En todo caso, instalarías una fábrica de muletas o de piernas artificiales, ¿no? ¡Claro que sabes lo que quiero decir! Encontrar el sector donde instalarte o buscar el mercado idóneo para vender los artículos que fabriques es un dato que nadie te dará, lo has de buscar tú mismo. Tanto en el comercio como en la industria o los servicios siempre hay un hueco para un nuevo emprendedor con ideas. Has de instalar tu negocio, o fabricar tus productos, enfocándolos a un público determinado, aunque también podrías dirigirte a todos los públicos, teniendo la seguridad de que habría consumidores.

Tus conocimientos, y tu afán de llegar hasta donde quieras, serán imprescindibles para conseguir la victoria. Si te quieres meter en algo que desconoces, busca a la persona conocedora del tema o de la profesión, y tómalo como empleado para que colabore en la puesta en marcha del negocio. Después, andando el tiempo, harás lo que quieras, habrás aprendido la profesión de negociante, y será igual poner un supermercado, una escuela de baile, fabricar maletas, o un bar de bocadillos. La cuestión es buscar a la persona profesional que conozca ese oficio, y organizar el funcionamiento del negocio para ponerlo en marcha, en el supuesto de que lo desconozcas.

HAZ LO QUE ESTÉS HACIENDO.   24

Vuelca todas tus energías en el trabajo que llevas entre manos o estés realizando, después haz el otro, y así sucesivamente, uno detrás de otro. Cuando un pintor pinta un cuadro está entregado a su trabajo y para él el mundo no existe bajo sus pies, se encuentra flotando en el espacio, se ha transportado a otra dimensión, su entrega es total, y al final consigue su obra. El emprendedor no puede perder el tiempo en banalidades, es ambicioso por naturaleza y quiere algo más que una gran mayoría de las personas comunes. No se conforma con seguir un oficio o empleo o un trabajo tradicional, desea superarse cada día más. El tiempo es de suma importancia para el nuevo emprendedor; no quites tiempo a nadie, y tú no lo malgastes ni consientas que te lo hagan perder. Actúa con verdadero entusiasmo, y cada trabajo o negocio que emprendas intenta que sea el mejor. Irás haciendo negocios y ganando algún dinero, hasta que un día descubras una idea maravillosa. Fíjate, por ejemplo, nos pasamos toda la vida escribiendo con lápices o plumas con tinta que otros ya inventaron, y llega un individuo inteligente y pensador que inventa el bolígrafo, ese señor encontró la idea maravillosa, la patentó y a invadir el mundo de bolígrafos. El pensamiento es nuestra mayor fuente de riqueza que unos la aprovechan más que otros. Lo del bolígrafo es curioso, y no me importar hablar de él, aunque lo haya hecho en otro de mis escritos.

EL BOLIGRAFO, UNA IDEA MARAVILLOSA. 25

En 1938 Ladislao Viro, periodista húngaro de nacimiento, e inventor del bolígrafo, (además de otros inventos cono la lavadora), patentó un modelo rudimentario de bolígrafo en su país, en Francia y Suiza. Más tarde emigró a la Argentina, y después de varios años de investigaciones, consiguió que esa bolilla de acero pudiera girar dentro de un pequeño cilindro, donde la tinta se mantuviera fresca, que solo saliera al hacerla rodar sobre el papel o sobre una superficie, y que consiguiera un secado rápido. Perfeccionar el invento le llevó seis largos años de intenso trabajo para conseguir su eficacia. Además de los problemas técnicos, se tuvo que enfrentar al económico, cuando los inversores dejaron de aporta dinero. Fue en Argentina en 1943 donde se financió el invento para ser comercializado. Vendió la patente americana, a Faber y CIA, y a Marcel Vich, en Europa.
Los primero bolígrafos costaban entre ochenta y cien dólares. El tiempo los hizo tan populares en nuestros días que ahora su precio al consumidor está por debajo del euro. Después se comercializaron infinidad de versiones. Es con estos individuos pensadores e hiperactivos con los que comulgo. No voy a hacer de historiador, ya que no es mi oficio, pero para un emprendedor como yo, no cabe otra cosa que admirar a estos individuos tan importantes para la humanidad. Está bien claro que el inventor del bolígrafo y de otras muchas cosas, encontró la idea maravillosa, la patentó, y años

después, todos escribimos con su invento. Algunas personas suelen decir que todo está inventado. No saben lo que dicen. Todos los inventos son frutos de nuestros pensamientos. Si tienes imaginación, estudia el tema de imprimir chistes en el papel higiénico, tal vez no esté patentado, y sea esta la época más propicia para hacernos reír cuando estamos en el inodoro.

¿QUE OCURRE A MUESTRO ALRREDEDOR? 26.

Ver lo que ocurre a nuestro alrededor es tan necesario como vigilar nuestra salud. Debemos alimentarnos sin excesos comiendo para vivir y no viviendo para comer, así conseguiremos la agilidad física y mental necesaria que todo emprendedor necesita para no perderse ninguna oportunidad que tenga a su alcance. Cuando un perro de presa agarra una pieza, es muy difícil que se le escape. El emprendedor ha de estar alerta en todo momento, y su cerebro ha de actuar como un radar ambulante, analizando todo cuanto ve con sus ojos y oye con sus oídos. Siendo un observador silencioso, las ideas le vendrán en cascada, y analizando con tranquilidad. Por mi parte, la tranquilidad la interpreto a mi manera, ya que siempre he de estar ocupado. Mientras otros cantan al sol como las cigarras, el emprendedor planifica cómo conseguir negocios de éxito. Ha de estar despierto desde que se levanta por la mañana. Acostumbrándose a darse una ducha, terminándola con agua fría; y si un día no tienes tiempo de ducharte, mete la cabeza debajo del grifo de agua fría. Al mojarse la nuca, esa nube que llevamos en los ojos cuando nos levantamos por la mañana desaparece totalmente, hazlo mañana mismo y lo comprobarás. El emprendedor, desde la primera hora del día, ha de estar en guardia, y ser rápido e intuitivo... Con la práctica en los negocios, te habituarás a hacer diana en cada acción que acometas. En el oeste americano, el individuo carente de reflejos y rapidez para anticiparse, moría. En los negocios, el que saca un producto distinto o instala su negocio en buen lugar, "hace diana en el objetivo". Aquí no se trata de un examen en unas oposiciones. No hay resultados por descubrir, aquí tienes a los competidores con sus productos al descubierto, juegas o te examinas a ganar; y todo dependerá de tu instinto y de lo despierto que estés cuando no duermes.

ANTICIPACIÓN, VENTAJA DE SER EL PRIMERO 27

La anticipación en descubrir las necesidades de los ciudadanos es fundamental para conseguir el éxito. Si eres observador, notarás dónde existe la necesidad de un servicio, o de un determinado producto. Encontrarás los lugares idóneos para abrir un nuevo negocio y, si eres el primero, ya sabes el dicho: El que pega primero, pega dos veces. Al iniciarte como emprendedor debes estar libre "en el pensamiento" de problemas que no sean los del propio negocio que emprendes, así podrás centrarte en lo que estás haciendo, volcando todas tus energías hasta conseguir el éxito de tu proyecto. A todos los emprendedores que quieran triunfar y en particular, a esas personas indecisas con ánimo de emprender algún negocio y que no terminan de resolverse, les recordaré que si no se deciden hoy, mañana puede ser tarde. También habrá momentos en los que se podrá decir: "Más vale tarde que nunca", ya que van siendo muchas las personas mayores de cincuenta años que se han establecido por su cuenta al quedarse sin empleo. A algunos, los despidieron de su trabajo y no se acobardaron. Pensaron al verse sin trabajo, y ¿por qué no he de hacer por mi cuenta lo que hacía para otro? O ¿por qué no he de hacer el trabajo que siempre me gustó y ahora por mi cuenta? El éxito está esperando a los que duermen menos y piensan más. El éxito no se compra en el rastro ni en las grandes superficies, el éxito se consigue con solo pensar en algo positivo. Piensa que eres único en el mundo, dueño de tus actos, y de lo mucho o de lo poco que puedas tener. Lo que tú no hagas por ti no lo hará nadie. En los negocios, no importa que algún negocio no haya funcionado como esperabas, son muchos los emprendedores a los que el primer negocio no les llega a cuajar. Lo importante es volver a empezar aprovechándose de la experiencia adquirida.

NUESTRAS IDEAS HAN DE PREVALECER. 28

Si se trata de la planificación de un negocio, aprovecha las ideas de tus colaboradores más cercanos, pueden ser determinantes y de gran utilidad. Las ideas o experiencias de otros podrían serte decisivas para conseguir el éxito. Un proyecto puede ser realizable en tus manos, aunque las ideas o sugerencias sean de otros que tal vez no vieron futuro en ellas. No desperdicies ninguna buena idea aunque no sea tuya. Ya sabes lo que dijo alguien: "Escucha mucho y habla lo justo". Escucha opiniones de trabajo, de negocios, y de todo cuanto te sea de interés, después coteja y haz comparaciones de lo que más te conviene y decides lo que mejor te parece. Cuando se actúa con precipitación y sin meditar, el negocio puede fallar. Tus ideas llevarán prioridad, pero si te vales de las ajenas ya te encargarás de modificarlas y acomodarlas a tus objetivos.

TRABAJANDO EN EQUIPO. 29

Es una frase popularizada en las grandes empresas, "trabajar en equipo". A algunos de los nuevos emprendedores les preocupa tener un socio o personal asalariado. Esa idea puede ser un lastre que le ahogue y no le deje levantar el vuelo. Al principio, el negocio que pongas tal vez lo puedas llevar solo o necesites alguna ayuda, aun así, has de estar preparado para dirigir un equipo de empleados cuando los necesites, porque de lo contrario, serías un autónomo más, que trabajaría solo, que se iría ganando un sueldo para ir viviendo.
Cuando una empresa es de dos personas, y tiene el firme propósito de conseguir un objetivo, se procura que el negocio no tenga escapes ni fisuras por ningún lugar. Cuando no está un socio está el otro, y así se consigue que el negocio no solo no deje de producir sino que se eliminan problemas que no se podrían evitar si no se tiene todo controlado. Esto suele ocurrir en los primeros tiempos de iniciar un negocio, ya que cuando las empresas aumentan, todo evoluciona, incluidos los puestos de responsabilidad y de control. Por otra parte, hay que imitar a las grandes empresas creando productos y aumentando puntos de venta para que a sus empleados no les falte el trabajo.

ría gratificante el sacrificio que se impone el emprendedor, trabajando él solo durante muchos años, si no está bien recompensado. Si no tienes trabajadores no ganarás suficiente dinero para que te compense el sacrificio de ser independiente. A lo largo del tiempo como emprendedor, descubrirás que un negocio que no necesite personal asalariado siempre será una forma de ganarte la vida independiente, que solo constituirá un trabajo para ir viviendo, y que no te dejará tiempo para ti, ni para tu familia. Salvo determinadas profesiones, en las que ellos se lo guisan y ellos se lo comen, y que siempre son los menos.

DE LOS PRÉSTAMOS O CRÉDITOS. 30

Evita por todos los medios que los prestamistas que te concedan dinero para iniciar un pequeño negocio sean participantes de este. Hay muchos listos que están al acecho, esperando encontrar la persona que les ponga su dinero a trabajar y que además le aporte su tiempo, su esfuerzo y su inteligencia. Eso lo podrás hacer tú algún día. Por lo tanto, paga los intereses acordados e intenta cumplir lo que se convenga porque, de no ser así, esas personas o entidades que te presten dinero estarían en su derecho de embargarte y quitarte el negocio si no pas puntualmente. Si son los bancos o entidades financieras, ten más cuidado, cumple con los pagos por encima de todo, ellos cumplen lo que firmas. Otra cosa será cuando tu economía mejore, entonces podrás hacer alianzas comerciales con socios que solo aporten una parte de capital, que nunca deberá ser mayor del 49 % del total del valor del negocio. A estos socios se les pagan los intereses acordados sobre el capital aportado, y tú siempre serás el dueño de la empresa por mayoría. Este tema no es mi especialidad, ya que un buen abogado te hará el trabajo que le sugieras. Clases de asociación hay tantas como se puedan inventar. No es la primera vez que con la garantía de un inmueble se consigue un préstamo para inicial un negocio, y este negocio, una vez pagado el crédito, es una propiedad más.

LEE PERIÓDICOS DE NEGOCIOS. 31

En esos periódicos te enterarás de cómo se fusionan las grandes empresas y cómo se producen las absorciones de unas sobre otras.

Compran empresas con el dinero que les prestan los bancos. Casi nunca pagan con dinero en efectivo, compran sin dinero. Piden grandes cantidades de dinero entre varios bancos internacionales con la garantía de sus empresas. Es un ejemplo claro de que los bancos le prestan dinero al que tiene bienes. Estas empresas aún han de ganar el dinero para pagar el préstamo, y lo pagan con el dinero que ganan con las empresas que compran. Pagar en efectivo les hubiera costado bastante más dinero, ya que ese capital, cuando lo ganaron, les habrían obligado a pagar como impuesto a la hacienda pública casi tanto como el pagaban por esta.

La ventaja de los préstamos es que compran con dinero prestado y lo pagan con el dinero que van ganando con las empresas adquiridas. Es la ley de la ventaja: instalo un negocio con el dinero que me prestan, y lo pago con el dinero que gano con ese negocio. Los préstamos se desgravan en la renta por los créditos debidos y amortizados, y el negocio sale casi gratis. Mi explicación puede no ser del todo correcta, ya que me limito a decir lo que creo, pero sí que es bastante aproximada. Si quieres crecer y hacer fortuna, está bien claro que se ha de ser con créditos, ya que esperar a tener el dinero para crear un mayor negocio no es muy rentable Un periódico recomendable en el que puedes comprobar cuanto digo es Expansión. Este es un ejemplo de periódico que trae información sobre los negocios, pero también puedes leer otros. Leer uno solo puede ser suficiente para ir descubriendo cómo funcionan algunas empresas.

LOS COMPROMISOS POR ESCRITO. 32

Una vez me comprometí por escrito a pagar una cantidad importante a fecha fija. Después se acordó de palabra que ambas partes estaríamos de acuerdo en que si llegado el día de pago no se podía cancelar se aplazaría y se cobraría un interés. Mi sorpresa fue que el día antes de cumplir el plazo, la persona con la que había hecho el acuerdo me dijo: "Mañana ha de hacer efectiva la deuda, no hay aplazamiento".Soy confiado hasta cierto límite pero si me hubiera fiado de su palabra, la historia hubiera tenido mal final. El dinero lo tenía preparado por "si lo de las palabras se lo llevaba el viento". En caso contrario tal vez me hubieran embargado o intentado quitarme el negocio. Pasado un tiempo, me tocó estar en el puesto contrario con la misma persona, pagándome buenos intereses. Todo lo que pactes de asuntos de negocio que sea por escrito y redactado por un abogado que te conozcas de antemano. Y a la firma, que haya alguien presente, que puede ser el mismo abogado, ya que llegado a un extremo, pueda ser testigo. Esto no es desconfianza de nadie, es prever y hacer las cosas bien.

SI NO TIENES NADA SERÁ DIFÍCIL, PERO NO IMPOSIBLE. 33

Cuando no se tiene nada para empezar, todo parece nublado; llegada la noche, échate a dormir, tal vez la almohada te traiga nuevas ideas, o al día siguiente salga un rayo de sol que te ilumine. Si te propones que has de hacer lo que quieres hacer, lo conseguirás. A través de estas líneas encontrarás ideas para obtener los primeros ingresos extra que tal vez en parte te puedan ayudar a poner el primer negocio. Algunos lastres que tienes que soltar para triunfar pueden ser: el orgullo, la vergüenza, el freno familiar y el de algunos amigos; ellos, si no tienen "sangre de emprendedora" no te comprenderán. No insistas en que te den el visto bueno, además, no los necesitas, a no ser que quieran aportar algún dinero como préstamo para montar tu primer negocio, y si es que te conviene. Con un pequeño negocio en marcha, tu cerebro empezará a funcionar inteligentemente, no te conformes con que tu empresa trabaje a ralentí, has de investigar por todos los medios la forma de producir y vender más, haciendo la competencia al diablo si fuese necesario. No tengas el mismo nivel de precios de tus vecinos cercanos, en todo lo que manipules deberás poner precios más bajos. Tu negocio empieza, y los competidores de las cercanías puede que lleven algún tiempo instalado, que el negocio lo tengan consolidado, o tal vez sean conformistas sin ambiciones. Si eres competitivo, irás aumentando las ventas, ganarás menos en cada artículo que vendas pero al final del día la caja de cobro rebosará y habrás ganado más dinero y clientes. La lógica de vender barato es muy simple: si vendes 100, con un 30% de beneficio, sabes que ganas 30, y ahí se queda el negocio, pero si vendes 300 en el mismo tiempo, con el 25% de beneficio, venderás más barato, pero las ganancias serán mucho mayores, ganarás 75. Puedes tener la plena seguridad de que vendiendo caro no llegarás tan lejos como siendo un terrible competidor, llegando a manejar, más cantidad de productos y dinero. Un factor de influencia en los pobres de espíritu puede ser que, al querer ser amigo de los vecinos o colegas del mismo gremio, no tengas valor para bajar los precios. Estas personas no son competitivas por dos razones, o son miedosos o no fueron ellos los que ganaron los primeros dineros para crear su negocio. Los nombres de los verdaderamente competidores se podrían escribir con letras de oro, y toda persona bien nacida los admirará. Los otros, no dejarán ni rastro ni huellas por donde pasaron, y nadie los recordará.

LA SUERTE, LA LLEVAMOS CON NOSOTROS. 34

Alguna vez oí decir, que lo que más trabajo costaba era reunir el primer millón de pesetas. El trabajo y la economía llevados con acierto hacen milagros, y lo podrás conseguir igual que lo consiguieron tantos emprendedores en todas las épocas. Cada tiempo tiene sus oportunidades y todos tenemos en nuestra vida algunos momentos en que las cosas nos marchan mejor. Debemos continuar y seguir ayudándonos para que esa suerte no se detenga, esa es la parte de la suerte que hay que cuidar. Hay una suerte que suele ser la recompensa a nuestra laboriosidad. La suerte todos la llevamos al nacer pero hay que tentarla y forzarla para que aparezca, corriendo los riesgos que sean necesarios. Bueno… es que corriendo riesgos pueden pasar muchas cosas, pero menos pasarán sin arriesgarte y probar
tu suerte.

PRIMERO: ¿PISO O NEGOCIO? 35

La mayor ilusión de cualquier persona es poseer piso propio. Pero con un piso para vivir, ¿te puedes comprar un negocio? Todo ocurre a la inversa. Con un negocio te puedes comprar un piso y otro. Pero si primero te compras un piso, quedarás atrapado y no podrás poner un negocio; no lograrás tu propia independencia, y menos si has de pagar una hipoteca de por vida. Al principio, si no dispones ni de una cosa ni de otra, olvídate de comprar un piso, podría ser el primer freno a tu futuro. Es preferible vivir en un mal piso en arriendo, y que todos los ahorros o los préstamos que puedas obtener los destines a poner el primer negocio. Actúa con inteligencia, y no te dejes atrapar por muchas promesas: "primero el piso y tal, y tal, que seremos felices y tal, y tal…", no escuches, te quieren ayudar a cavar tu tumba. Puedes tener tu piso y no tener más dinero, o tener la loza de la hipoteca que te tendrá maniatado para toda la vida. Te resultará más difícil levantar cabeza, o crear un negocio.

Bueno… no es el primero que hipotecando su vivienda, obtiene el dinero para instalar un negocio. Como he dicho antes con el negocio pagarás la deuda y después se podrán ir comprando otras cosas. También puede ocurrir que el arriendo que pagues sea equivalente al pago de un piso comprado con una hipoteca a 30 años. Si es así, calcula con inteligencia, las hipotecas se pagan o te embargan. También podría suceder que todos tus pensamientos estén puestos en el trabajo que realizas como empleado, y que todos tus sueños se basen en tener una vivienda, eso está bien para los que no quieran ser emprendedores, y mejor si tienen un empleo del Estado para toda la vida. Si te compras piso siendo empleado a sueldo, ese sí que será un verdadero riesgo, serías uno más de los que se tienen que preocupar de que no les falte el trabajo por cuenta ajena. Cada día que pasa es más difícil encontrar un buen empleo y conservarlo. Cuando se llega a mayor sin haber asegurado el futuro, ya no se trata de paciencia, se trata de que no falte el trabajo, y a esperar la jubilación. Qué aburrimiento y pesadilla, ¿verdad? Ya sabes dónde está la solución, en buscar tu independencia a tiempo. Un piso te ofrecerá más comodidad de momento, pero no te traerá un negocio.

EL ASESORAMIENTO LEGAL.   36

En los negocios te irán surgiendo pequeños problemas que irás aprendiendo a resolver por ti mismo; habrá imprevistos a los que no sabrás responder y para eso será necesario tener un asesor fiscal. Es de inteligentes ir de la mano de un técnico fiscal, estos conocen las leyes y saben cuándo en una gestión de cualquier tipo se puede obtener ventajas. Te beneficiarás en todos los trámites oficiales y particulares, contratos, bonificaciones por la creación de empleo y otros. Sus consejos serán determinantes en las muchas decisiones importantes que llevarás a cabo a lo largo de tu vida empresarial. Cuando no tienes un asesor fijo al que le pagas una cuota mensual por los servicios que te presta, al hacer una consulta de abogado por necesidad, buscarás al más cercano, y para él serás un cliente ocasional, te cobrará una consulta, y ahí se acaba su servicio. Es más conveniente que tengas uno fijo, estarás mejor servido, y el precio será más económico al final del año. Todos los gastos que pagues por el servicio de un abogado para el negocio son gastos que se han de declarar como tales al hacer la declaración de la renta. Más información, el abogado. Pocas veces se deberán tomar decisiones en el acto, aun teniendo experiencia. En todos los negocios que se presentan se necesitará un tiempo para estudiar el tema. La confirmación de un negocio, -y según de qué se trate-, la darás al día siguiente, después de consultar con tu abogado y cuando la hayas madurado en tu cabeza. Antes te habrás informado de lo bueno o malo de esa nueva aventura, en la que te meterás sabiendo lo que te espera.

DEDICA UN TIEMPO A PENSAR. 37

No le digas a nadie que dedicas tiempo a pensar, los que no piensan creerán que no eres normal, ellos no saben la gran cantidad de personas que pasan mucho tiempo pensando en negocios, o en cómo preparar el balón para meter un gol a los consumidores compulsivos, creando infinidad de productos o servicios, que los hagan felices. Cuando mejor se conoce un determinado artículo, a los consumidores del mismo y al sector o mercado en el que vas a entrar, más asegurado tienes el éxito.

NUESTRO CEREBRO SIEMPRE ESTÁ DISPUESTO A COLABORAR. 38

La concentración de tus pensamientos te dará buen resultado. Un producto, una forma de negocio, una manera de hacer, fabricar o vender, nacen del pensamiento, y nadie pone a la venta las ideas que pretende aplicar en sus negocios. Formas y fórmulas de negocio hay muchas, lo difícil es encontrar la fórmula mágica para descubrir la buena. Las ideas que triunfan no las da nadie, dedica tiempo a pensar, y de tu cerebro irán saliendo ideas, buenas y regulares, pero si insistes al final encontrarás lo que buscas, aunque de momento no sepas lo que quieres. Si lo que quieres es ganar dinero para mejorar tu forma de vida, si eres constante, lo conseguirás.

COMENTA LO QUE NO TE PERJUDIQUE. 39

Todo cuanto digas o comentes a los "otros" sobre tus negocios, será una pérdida de tiempo para ti. Si decides que vas a trabajar más porque quieres ahorrar, te harán la pregunta consabida: "¿Para qué?, si con lo que ganas tienes suficiente para vivir". Si dices a tus amigos que te quieres independizar, pensarán que te quieres escapar de su cuadrilla o de su grupo. Si no eres fuerte de carácter, te cambiarán las ideas, que bien pudieran ser las que a ellos más le convengan. Sé cauto, y no cuentes nada que tenga que ver con tus proyectos.

TUS IDEAS NO LAS DIGAS A NADIE. 40

Consúltalas con la almohada, o habla contigo mismo y con tus pensamientos; todo el mundo es bueno, pero tus ideas han de ser tuyas, si las dices las pierdes, y ya no serían de tu exclusiva propiedad. Si no eres lo suficientemente fuerte, intentarán hacer que desistas de tu empeño, y que las cambies; no se lo consientas a nadie. Si conocen tus secretos, no vales nada. Tus ideas han de ser tus secretos mejor guardados hasta que voluntariamente los saques a la luz tu mismo. Proyectos aparentemente insignificantes de cualquier empresa, para ellas son secretos de Estado. El futuro emprendedor deberá hacer lo mismo. Tu medio de vida independiente te lo has de crear tú, con tus conocimientos y tus riesgos. Pero, ¿quién patrocina a los emprendedores? ¡Nadie! No es verdad. Esa legión de consumidores que existe en cualquier lugar son los patrocinadores de los emprendedores; ya que sin su colaboración en el consumo, los emprendedores y la mayoría de las empresas productoras no existirían. Esta legión de consumidores es sumamente imprescindible y de necesidad para los proveedores. Sin dinero no se puede hacer mucho pero sin consumidores no se podría hacer nada. En los negocios dicen que el s el que lleva razón, claro, es el que paga. Ellos son los verdaderos patrocinadores de las empresas con su consumo. Se ha podido entender cómo los gobiernos incitan a los ciudadanos al consumo.

.PARA PERDER LA TIMIDEZ, HAZ LA PRUEBA DEL VALOR. 42

Todos los emprendedores nos creemos muy atrevidos, ¿verdad? Si no fuera así, no valdríamos para ese tipo de lucha. Hay una forma barata de probarte a ti mismo, y hasta dónde puedes llegar para empezar, si no estás muy curtido en trato personal. Esta prueba te parecerá absurda pero te podrá ser muy útil si eres algo tímido o para ir perdiendo el miedo de hablar improvisando. Esto lo puedes hacer en una ciudad en la que no conoces a mucha gente. Ahí te demostrarás a ti mismo tus cualidades de actor. Es un papel que interpretas y que te hará falta para ir soltándote, si eres algo retraído, aunque en la época que vivimos, creo que hay menos vergüenza que en otros tiempos. Estas conclusiones las saco porque hay personas que huyen de los trabajos de comerciales, en los que, sin ser un desvergonzado, se necesita ser un descarado simpático. Sube a un autobús y dile al cobrador que no dispones de dinero para pagar el billete, que se te ha olvidado, haz como que te miras por los bolsillos, como si buscaras dinero. El cobrador te observará, y al final te dirá: "Señor, ¡baje y váyase andando!". Y no esperes otra actuación del prójimo; aun así, puede salir algún viajero en tu ayuda. No olvides que estás actuando, no pierdas la serenidad y sigue el tema con humildad, estarás ganando la primera batalla. En otro momento repítela una y otra vez, que no sea el mismo cobrador. Es una prueba que te pondrá en evidencia en ese momento, pero si eres valiente y pasas la prueba no la olvidarás fácilmente: "Tanto tienes, tanto vales". Si la pasas, estoy seguro de que puedes ser un buen vendedor, algo muy necesario para el proyecto como emprendedor.

LUCHAR Y TRABAJAR POR NUESTRO FUTURO. 43

Esa lucha es la única y la mejor opción. No tienes por qué tener miedo, estás involucrado en tu futuro y tú eres su único salvador. Si no tienes una herencia familiar o negocio que puedas seguir, tendrás que programar tu propio destino, y desde hoy mismo deberás saber lo que quieres hacer con él. <u>La única persona importante en el mundo eres tú.</u> Yo te puedo ayudar con los relatos de mi experiencia pero sin tu ayuda no podré hacer nada. No olvides, que serán tus propias ideas las que te pueden hacer tan rico y tan poderoso como quieras, todo dependerá de hasta dónde quieras llegar. Vivimos en un mundo en el que todo se manipula, se transforma, se comercializa y se vende. Estamos inmersos en una sociedad de consumo desmedido en la que todo tiene un precio. Comenzar una nueva vida de aventuras, la comenzaras con tu primer negocio. Ahora o nunca. De ti dependerá que puedas disfrutar de todo lo que nos pueda dar la vida; o vivir de rodillas y en la oscuridad hasta la jubilación, si es que no quieres correr la aventura como negociante.

CUÁNTOS ARTÍCULOS CONSUMES EN UN DÍA? 44

Cuantos artículos o servicios has consumido o utilizado hoy? ¿Si en este momento estás sentado en el sofá de tu casa, o en cualquier otro lugar. Mira a tu alrededor, todos los artículos que observas han sido fabricados y comercializados por alguien. Anota todo cuanto has consumido en un día, te sorprenderá la cantidad de negocios que hay detrás. En cada establecimiento que entres, en grandes almacenes o en cualquier lugar en el que te encuentres, hallarás infinidad de productos y servicios, todos respaldados por grandes o pequeñas empresas. Piensa que, algún día, una de ellas podría ser la tuya. ¡Es cuestión de que te lo propongas! Existen pequeñas empresas que empiezan y empresarios consolidados, y tanto en unas como en otros hay personas dedicadas a pensar; sus cerebros no descansan, siempre están pensando en crear cada vez más y mejores productos y servicios a más bajo precio. A pesar de todo, cada día cierran unas y abren otras. Unas las cierran por jubilación del empresario, otras por quiebra o porque resultaron ser un negocio del momento, y otras porque no han sabido encajar su negocio a la realidad. Cada día se inician otras con nuevos empresarios-as, o emprendedores-as autónomos, como puedes ser tú. A veces se producen pequeños o grandes fracasos porque sus directivos no se han valido de su inteligencia, así como del conocimiento y sugerencias de otras personas fiables. También nacen otras nuevas empresas, unas con fuerza, que arrasan en todos los campos, y otras sin grandes aspiraciones que van muriendo hasta desaparecer. Hoy día no se puede poner un negocio para ir viviendo, hay que avanzar desde el primer momento en cualquier actividad que se acometa, porque de no ser así, igual que nacen, desaparecen. Los gastos generales que se producen en un negocio pueden ser los mismos trabajando mucho que trabajando poco. Cuando se habla de trabajar mucho en los negocios nos referimos a vender mucho. El emprendedor es el que elige si quiere trabajar mucho y ganar dinero o morir en la oscuridad por no querer trabajar.

TEN A MANO LA LECTURA DE ESTE LIBRO. 45

Si lo tienes a mano, lo irás leyendo cada vez con más interés. Él te irá sacando de dudas, por lo tanto no esperes a leerlo después de montado y puesto en marcha un negocio, léelo antes; tal vez descubras a tiempo algún fallo que puedas prevenir. Déjalo a mano para que lo pueda leer cualquiera de tu familia, si lo leen, tal vez se animen y se decidan a crear su propio negocio. Y que en tu familia sea considerado, como la Biblia de la Prosperidad. Cualquier componente de una familia que tenga espíritu de emprendedor deberá convencer a toda ella de que este libro ha de permanecer al alcance de todos, y más al alcance de los hijos, puede que alguno dé una sorpresa diciendo que quiere poner un negocio por su cuenta. Un emprendedor siempre ha de estar dispuesto a dar ánimos a otras personas para que se independicen. Si has concebido una idea, este libro te ayudará a desarrollarla y te orientará sobre cómo llevarla a la práctica y mejorarla, aclarándote alguna de las ideas confusas que tuvieras en tu memoria. También te será de gran utilidad para desarrollar con lucidez cualquier pensamiento sobre la creación de más de un negocio. Comenta este libro a los cuatro vientos, pero no lo prestes, si lo prestas lo perderás; y si se compran uno, mejor para ellos y para ti. Los curiosos piden el libro prestado, y se olvidan de devolverlo.

MEJORA OTROS PRODUCTOS DEL MERCADO.

56

Hay diversidad de productos que sirven para el mismo fin. Si observas en las estanterías de un supermercado o de cualquier otro comercio, comprobarás que son muchos los artículos de distintas marcas que tienen la misma utilidad. Observarás que son distintos en su presentación, su formato, e incluso su contenido o fórmula específica. A esos artículos o productos que has visto, aunque solo sea en teoría, intenta encontrarle alguna deficiencia. ¿Cabría hacerle algún cambio?, ¿Lo podrías modificar sin alterar sus objetivos? Inténtalo, aunque sea como entretenimiento "sobre el papel". Cambiando la fórmula de un producto, modificando la envoltura, el envase, el color y el formato de presentación, reduciendo o aumentando el tamaño, etcétera, puede ser otro producto para vender.

Puede haber cientos de artículos o productos que han sido declarados en el registro de patentes y marcas, pero son miles las variaciones, invenciones o imitaciones que existen después de hacerles algún cambio. Hay infinidad de refrescos (por poner un ejemplo) que se fabrican con las mismas materias primas (como podrían ser de naranjas o de limones). Habrás observado que cada fabricante tiene su marca y su envase diferente, o parecidos a los demás que se venden en el mercado. Si lees la etiqueta del producto, hablan de tantos por ciento, de una cosa u otra, nunca en la misma proporción, aunque es muy similar. Casi todos contienen aditivos, conservantes, esencias y colorantes. Cuando lees las recetas o compuestos y hablan del dulzor del producto, unos dicen azúcar, otros dicen sacarosa, otro edulcorante, etcétera, todos pretenden endulzar el producto como pueden. Total, que los tales refrescos están hechos en su mayoría de agua la mayor parte, algo de jarabe de limón, de naranja o de cualquier otro preparado, y colorantes conservantes, azúcar y etcétera. Ves qué fácil sería sacar un producto al mercado. Bueno, todo lleva su estudio hasta conseguir determinada calidad. Sus trámites oficiales de registro o declaración del producto, que los gestores correspondientes realizan con facilidad. Pero es de lo más fácil de llevar adelante, haciendo las convenientes pruebas.

MARCAS REGISTRADAS.   47

El registro de un producto evita que se puedan repetir otras marcas como legales. Después surgen copias ilegales que son perseguidas por la ley. Se registra la marca, el envase y la fórmula del producto. Ninguna de la tres que hemos dicho se puede copiar. Cualquier producto que se fabrique ha de ser diferente de los que hay en el mercado con marca registrada. Si se copia un producto con la marca registrada, se está cometiendo un delito; salvo que tales productos no estén registrados. Cualquier producto que se quiera crear ha de ser diferente de los demás, tanto en el envase y en la marca y en el nombre. El contenido puede ser similar, sin ser igual, y puede servir para el mismo uso. Su formato deberá ser diferente, para que el consumidor no lo pueda confundir con otro registrado. Hablamos de crear y registrar productos o marcas propias. Existe una importante cantidad de ciudadanos adictos a determinadas marcas, las que cuesta mucho dinero crear, porque, además de que son buenos productos, las empresas gastan mucho dinero en hacerlas populares. La publicidad es tan incisiva y extrema que cuando nos despertamos por la mañana con sed no pedimos agua, algunos, instintivamente pedimos la marca de un refresco o bebida que una mayoría no puede evitar, ya que la publicidad nos cambia las ideas. Como habrás podido notar, a algunos productos naturales no se les llama por su nombre; cuando un niño quiere un bollo, no pide un bollo, pide la pasta por el nombre de marca que la publicidad se ha encargado de popularizar, y así ocurre lo que ocurre. Con publicidad, un producto de bajo coste se vende más caro que otro similar sin publicidad. Una aclaración, sobre costes. Si un producto se fabrica en serie y en plan masivo, los costes de producción bajan automáticamente, multiplicándose los beneficios. Así que aun vendiendo al mismo precio que cualquier otro producto, hay ganancias, incluida la publicidad. Teniendo en cuenta, que la publicidad en un gasto del negocio que se "declara en la renta" como tal.

NO MALGASTES TU DINERO. 48

Puede que algunas de tus ideas no tengan ninguna relación con los negocios que relato a lo largo de este manual, pero sí que te podrán valer de plantilla para encajarlos o servirte de ellos como modelo, y aplicarlos a tus propios proyectos. Si fuese necesario, repite la lectura de este libro. Cada vez que lo leas descubrirás más ideas necesarias para la lucha que te has propuesto como emprendedor. Encontrarás sugerencias, formas y fórmulas de negocios que te beneficiarán. Descubrirás pequeños negocios que te pueden servir de modelo para que inicies el tuyo propio. Cuando lo hayas terminado de leer, ten la seguridad de que habrás encontrado una idea de negocio que, con buena planificación podrás poner en práctica, mejorando o cambiando algunas de las ideas que tienes en tu cabeza. Después, cuando vayas ganando dinero, recuerda lo que dijo alguien de la riqueza:

"La riqueza no es nada si no se gasta. Y nada, si se malgasta".

EL VELO INVISIBLE. 49

Llamaremos velo a algo que no existe, es una especie de veladura personal que el emprendedor se tiene que aplicar para que no le coman el terreno que pisa. Su actitud ante el mundo ha de ser la del verdadero actor, ha de ser duro negociador y aprender a decir "no". Nunca ha de demostrar interés en aquello que desea obtener; ese es el velo con el que has de cubrir tus intenciones y tus sentimientos. La interpretación es muy común en las actuaciones comerciales, serán muchas las veces que dirás con la boca "no", cuando con el corazón esté deseando decir que sí. Con astucia y autodisciplina conseguirás ese aplomo y dominio tan necesarios para los negocios. Ten sangre fría, y cuando quieras comprar algo controla tus emociones, te pueden traicionar y hacerte perder un buen negocio. En actuaciones como vendedor, además de ofrecer un buen producto, tienes que creértelo tu mismo, y demostrar con argumentos la calidad de lo que vendes, estar risueño y convencer a cualquiera de que lo tuyo es mejor. En los negocios, se va a ver quién saca más beneficio, dentro de la legalidad. En cualquier operación mercantil se puede perder por no haber hecho los cálculos acertados en la compra. Si un producto lo compras con gran habilidad por X y lo vendes por XXXXX, es un acto completamente legal. El comercio es libre y estarás dentro de la legalidad, siempre que lo hagas como cualquier otro acto comercial. La ley de la oferta y la demanda es eso. Cuando hay mucha oferta, los precios bajan, y cuando mucha demanda, los precios suben. Si inventas o vendes un artículo que solo lo tienes tú, le pondrás un precio, después cuando te lo copien deberás estar alerta con los precios que ponen los competidores para que los tuyos sigan siendo competitivos si quieres seguir vendiendo. La astucia es la base de todo negocio. Cuando pierdas dinero en un negocio, cosa que puede ocurrir, no se lo digas a nadie, porque no te creerán. Y cuando ganes mucho tampoco lo digas. Esto se llama estar a las verdes y a las maduras. Tu fortaleza radicará en que sepan de ti lo menos posible.

DESCUBRE NECESIDADES DEL CONSUMIDOR. 50.

Descubrir necesidades de los consumidores es el objetivo de cualquier emprendedor, y su fórmula del éxito guardar el secreto Las ideas que te surjan, anótalas, aunque sea en la esquina de un periódico, después, en tu tiempo de pensar, vuelve a ellas y anótalas en tu libreta de futuros negocios. Este será un fondo de reserva importante para crear nuevos productos, formas de trabajo, de vender, de organizar, etcétera... Tu cabeza será tu laboratorio.
La vida de los negocios es apasionante, y todos los días podremos descubrir algo nuevo e interesante. Vives una aventura cada día, y no existirá la monotonía de un trabajo fijo. Nunca sabes lo que te depara el destino o cuánto dinero ganarás ese día. Recibirás muchas satisfacciones si te entregas por entero a lo que estés haciendo. Piensa siempre en cómo descubrir las necesidades de la sociedad. Si lo haces como una práctica de entretenimiento, descubrirás cómo se van instalando esos negocios que para ti no eran más que un

ejercicio de cálculo, o un juego de acertijos. Muchas veces hemos pensado, al pasar por un determinado lugar, "ahí iría bien tal negocio", y al poco tiempo ves que alguien lo ha instalado; entonces descubres que no te equivocabas.

FORMANDO TU PERSONALIDAD. 51

La fuerza de voluntad, la moderación y la modulación de tu carácter irán formando tu personalidad.
Te irás revistiendo de esa fortaleza tan necesaria para llegar a triunfar en el mundo de los negocios. Cuando detectes o descubras con facilidad necesidades en determinados sectores de la sociedad, y apliques la solución a los mismos o las ideas que podrían ser buenas para llevarlas a la práctica, es que estás acertando. En artes marciales te diría el maestro: "Estás alcanzado el décimo Dan, pronto, tú serás el maestro"

¿POR QUÉ TRIUNFAN O FRACASAN ALGUNOS EMPRENDEDORES?

CAPÍTUL0---2º

LA GUERRA CON LA COMPETENCIA.

A la palabra guerra en los negocios, se le ha de dar su significado. El emprendedor que quiere triunfar ha de seguir la tradición de competir, que significa guerrear y ganar la partida a la competencia. Hacer la competencia es la lucha por vender cada día más, tanto en lo que produzcas, comercialices, fabriques, o en los servicios que prestes. La competencia no es solo vender a más bajo precio, también es hacer mejores productos o servicios que nuestros competidores. Al bajar los precios y marcarnos márgenes de beneficios inferiores, no queremos ganar menos, queremos ganar más, ya que las ventas se multiplicarán casi con el mismo personal empleado. Se fabricarán más cantidad de artículos con las mismas máquinas y a más bajos precios de costo. Como nuestros competidores piensan igual que nosotros, no tenemos más remedio que ingeniarnos en producir nuevos productos con nuevas fórmulas y métodos de trabajo, modificando o cambiando la apariencia de los actuales, para que el consumidor lo acepte como novedad.

TIENDAS QUE VENDEN DE TODO.

Los negocios que mejor funcionan y que más venden no se consiguen por casualidad, son el resultado de pensar y vivir con intensidad cada aventura que emprendemos. No vale decir: "Bueno, lo hago como aquel que he visto", tienes que pensar que los harás mejor que los que has visto. Algunos emprendedores creyeron que con copiar el producto era suficiente. El emprendedor comienza, en parte copiando, y acaba creando su obra como un verdadero artista. Cuando empresas más o menos sólidas ven que en un sector determinado hay suficiente movimiento de habitantes, estudian con encuestas y sondeos las ventas que se producen, y si el resultado es positivo, se instalan con el objeto de vender todos los productos que venden las pequeñas tiendas. Cuantos más artículos tienen para ofrecer, mucho mejor. En algunos artículos ponen precios de oferta, aunque sea casi al precio de costo. Con esto consiguen que haya más visitantes a su establecimiento, y como consecuencia, más oportunidades para vender sus productos.

RENOVARSE O MORIR. 55

Los pequeños establecimientos pasan muchos años sin saber lo que es una competencia feroz. Cuando esto ocurre, es el momento crucial para demostrarnos a nosotros mismos lo que valemos o somos capaces de hacer. Cuando un sector es invadido por los supermercados que vende de todo el pequeño comerciante de toda la vida tiene varias opciones: traspasar, cerrar el negocio, o renovarse y adaptarse a una nueva forma de negociar y vender. Aquí es cuando se pone a prueba la inteligencia del comerciante. No podrá luchar fácilmente con empresas que disponen de recursos para dar la batalla de la competencia. Tendrá que ingeniárselas y dedicarse a lo conocido, y a veces, a lo desconocido. Será la única manera de ofrecer artículos o servicios que se diferencien en algo de los de esas empresas "que lo acaparan casi todo", aunque siempre hay algo que no lo negocian bien. El emprendedor que busque un artículo o un servicio diferente, siempre lo encontrará.

TODO SE VENDE Y TODO TIENE UN PRECIO. 56

Todo producto se puede vender si el precio es adecuado. Dicen que en la compra están las ganancias. Se entiende que hay que aprender a comprar y encontrar el producto a buen precio, aunque hubiera que desplazarse a buscarlo a otra provincia. Después se amplían las relaciones con los fabricantes, y serán ellos los que llamen por teléfono cuando tienen que hacer liquidación de existencias. Una vez que un establecimiento está abierto a la venta, acudirán vendedores y representantes suficientes.

LAS BUENAS COMPRAS SE HACEN PERSONALMENTE. 57

En la compra directa en los focos de producción o depósitos, como son las fábricas o mayoristas, se consiguen precios para trabajar con buenos beneficios y ser competitivos. Hay comerciantes que compran en fábrica desde siempre, no esperan que pasen los representantes con el muestrario; otros hacen algunas compras de poca importancia, para tantear por dónde se inclina el público esa temporada. En las compras directas al fabricante, si se lleva dinero en metálico, se pueden hacer buenos negocios, eliminando todo el recorrido de intermediación del producto, llenando la furgoneta de mercancía. El comerciante de una tienda de bolsos, zapatos, vestidos y muchos otros artículos, puede comprar al representante que le visita con los nuevos muestrarios de cada temporada, o desplazarse dos o tres veces a las fábricas productoras y comprar a buenos precios. También pueden hacer las dos cosas, comprar al representante parte, y desplazarse a buscar oportunidades pagadas al contado.

RENOVACIÓN DE MUESTRARIOS. 58

Los fabricantes sacan dos muestrarios al año, con los que hacen el recorrido de visitas a sus clientes, procurando hacer otros nuevos y traer lo máximo de notas de pedido. A veces, hay un segundo repaso con los modelos más vendidos, y los copiados a la competencia los que hayan tenido más éxito. Algunos fabricantes abarcan un gran territorio con varios representantes. Todos los muestrarios y pasada la temporada, los liquidan, y la mejor forma es venderlos a los buscadores de oportunidades.

Un buen precio de compra de estos artículos puede ser de menos de la mitad del precio en tarifa. Los fabricantes venden a un tanto alzado, en conjunto, por cajas, y no se puede ni elegir unos ni dejar otros. A veces hay piezas defectuosas, sin importancia, que no se pueden servir como perfectas. Todos estos géneros pasan a ser artículos de rebaja. Un comerciante que compra estos artículos, no el regala, los selecciona y la mayor parte de ellos los vende como si los hubiera comprado de muestrario, que suelen ser con los que más dinero se gana.

ALIADOS DE LOS EMPRENDEDORES SON CONSUMIDORES. 59

Como emprendedor que comienzas, no es ninguna novedad decir que vivimos en un mundo ilimitado de oportunidades para los negocios. Los consumidores son la bendición que cayó del cielo. Ellos son el complemento del emprendedor y sin ellos no habría negocio. Cada habitante de tu ciudad es un consumidor en potencia, y tú puedes ser su proveedor. Si te dedicas a fabricar tienes a parte del mundo por cliente. Aunque esto sean palabras mayores, nunca pierdas la esperanza de que algún día seas otro exportador más. Se comienza por un pequeño negocio, con la idea de que en el futuro sea mayor. Hay mucho camino que andar, y no te puedes conformar con la mediocridad, porque solo obtendrás las migajas que otros desprecian.

EL EMPRENDEDOR SIGUE LA OBRA. 60

El nuevo emprendedor puede hacer descubrimientos en los negocios que ejerza, pero la mayoría seguirán la obra que otros empezaron. Integrarse en el mundo de los negocios, para el que no los conoce, puede parecer algo nuevo o distinto al de su trabajo habitual. El mundo de los negocios es tan fácil como aprender a bailar o a nadar. Por supuesto, es algo más complicado, y más para los miedosos. Hay una cosa bien clara que ya he dicho: el que se mete a negociante, muere de negociante. Ser negociante es una manera de ser y de pensar, y cuando se entra en ese mundo, no se sale nunca. ¿Y por qué no se sale nunca? La contestación te la darás tú mismo al finalizar la lectura de este libro.

EL CONSUMIDOR NECESITA NOVEDADES. 61

Es importante no caer en la trampa que caen los consumidores compulsivos. Los comerciantes, como personas conocedoras de los negocios, hemos de mantener el equilibrio necesario para no caer en el consumo desenfrenado, ya que este terreno es propiedad del consumidor nato. El comerciante habitual sabe la fuerza de la publicidad y se tiene que valer de ella, y no que esta se valga de él. Todos somos consumidores, pero los emprendedores pierden todo su poder cuando se convierten en compulsivos del consumo personal.

LA ASTUCIA DEL EMPRENDEDOR. 62

Hay empresas que cambian el formato o la apariencia del producto cuando quieren subir el precio, aunque sea el mismo producto. A veces disminuyen algo el peso del contenido, alegando la mejor calidad, o con el fin de paliar la subida de precios de las materias primas, y no por ganarle más dinero al producto. Otras veces, se cambian el color y la impresión del envase o envoltorio, reducen el tamaño y el contenido, o aumentan el precio. Actitud normal en infinidad de productos Cualquier descuido en un producto puede ser suficiente para que la competencia consiga ocupar tu lugar en el mercado mayorista. Hay que estar muy alerta de lo que fabrica y vende la competencia.

¿QUIÉN FRENA AL FUTURO EMPRENDEDOR? 63

El emprendedor ha de asumir su decisión, cuando decide que ha de trabajar por su cuenta. A veces, los medios económicos retrasan un tiempo esa decisión, pero cuando el objetivo está determinado, tarde o temprano llevará a cabo la idea que tiene en su cabeza. El freno más preocupante suelen ser las influencias negativas de los amigos, estos suelen bajar la moral del futuro emprendedor al hacer de asesores de lo desconocido. Para tus amigos, será más importante que pierdas el tiempo con ellos a que lo dediques a cimentar tu futuro. Intentarán por todos los medios quitarte de la cabeza que te hagas emprendedor. Todos podemos contar momentos inolvidables que pasamos con nuestros mejores amigos pero nadie puede afirmar que esas reuniones de pasarlo bien, nos ayudarán a resolver nuestro futuro. Con la propia familia, pasa algo parecido, mientras tu trabajo sea estable, evitarán que te independices. A veces harán una crítica del bienestar del que disfrutas, te dirán que no tienes necesidad de correr riesgos innecesarios. Ellos no lo han hecho y no ven bien que te salgas de la línea que ellos han llevado toda su vida. Todo serán argumentos para que borres esas ideas de tu cabeza. Cuando expresas tus sentimientos o te dejas llevar por tu entusiasmo de ser emprendedor, y predicas tu oposición a la monotonía o el conservadurismo que se respira en el ambiente de las personas pasivas, te llamarán ambicioso, con desprecio.

Las personas con ideales propios que quieren escapar de esa red de amigos perezosos, lo deben hacer cuanto antes. Procura ser tú mismo, escapa de un trabajo para toda la vida y lleva tus ideas adelante. No te olvides de que al pensar en ser emprendedor, estás comenzando a soltar las ataduras que hasta hoy han frenado tu nuevo amanecer. Es normal que te puedan tildar de advenedizo, al querer pasar la raya que separa la mediocridad del bienestar. También tienes que tener asumido que el tal bienestar te lo tendrás que ganar tú, <u>con tu esfuerzo y sacrificio.</u>

¿QUIÉN ANÍMA A LOS ENDEDOR? 64

Te animará otro emprendedor. Se dice que los judíos ayudan a sus compatriotas para que comiencen su independencia. Les enseñan el camino a seguir, le prestan ayuda, y, si ponen gran interés y afán de superación, nunca quedarán desamparados. Si demuestran su inquietud, su honradez, y aplican su sensatez e inteligencia, siempre estarán respaldados; si, por lo contrario malgastan sus bienes y no son amigos de la economía y el trabajo, no esperes que repitan su ayuda, ya tuviste la oportunidad y no la aprovechaste.

Es frecuente que padres emprendedores de toda la vida intenten por todos los medios a su alcance que sus hijos sigan ese camino, y no siempre lo consiguen. Otras veces, estos progenitores invierten su tiempo y su dinero, y no hay manera de que los hijos se den cuenta de que les están marcando un futuro alentador. No les importa cederles sus bienes, sin más interés que el de verlos crecer como empresarios. No son conscientes de la oportunidad que se les brinda. A estas personas sin ilusiones, lo que mejor les puede suceder es encontrar un trabajo bien remunerado con las mínimas responsabilidades.

Además, hoy día es más difícil encontrar un trabajo fijo para toda la vida, que triunfar en un negocio propio por modesto que sea.

AVENTURAS DEL EMPRENDEDOR. 65

Es una aventura que necesita de la integración total y absoluta del individuo a su empresa. Si una empresa funciona bien, nunca será por casualidad, habrá sido por la dedicación total de su dueño. O se dedica uno a lo que está haciendo o fracasa. No se puede estar en misa y tocando las campanas. Después, con la experiencia que vayas adquiriendo, podrá estar en todas partes y en ninguna. Cuando se tiene más de un negocio, o diferentes departamentos en uno, se delegan responsabilidades en los empleados que mejor defiende la empresa. De esta forma, el empresario puede estar en todos lo sitios que quiere, cuando quiere o lo necesitan, y no tiene que avisar de su presencia. Son muchos los nuevos emprendedores, que creen que ser independiente es igual a tener un trabajo por cuenta ajena, que cuando han hecho siete horas, ya han cumplido.

El nuevo empresario se debe a su negocio, y si lo quiere alternar con entretenimientos durante los días de trabajo, es que no ha entendido nada de lo explico, o no sabe lo que es trabajar por cuenta propia. Con el tiempo, el emprendedor puede correr muchas aventuras de negocio, y tener varios negocios al mismo tiempo, pero si no los vive y se integra en ellos de cuerpo y alma, estas aventuras no tendrán éxito. Algunos que fracasan le echan la culpa a la mala suerte, y no es verdad. O no fueron inteligentes para elegir el lugar de la batalla, o pensaron más en divertirse antes de haber hecho un patrimonio que les diera seguridad.

UN MUNDO DE ROSAS. 66

Dicen que los empresarios son las personas que ganan más dinero, y en cierto modo tienen razón, aunque hay otras profesiones que ganan bastante más y en menos tiempo. Cuando se entra en el mundo de los negocios, no se entra en un mundo de rosas; ese mundo de rosas lo tendrás que crear tú, con tu trabajo y con tu imaginación. Entonces fluye esa actividad en todos nuestros sentidos. Crear un negocio es parecido a la mujer que pare un hijo, tiene que engendrarlo, parirlo, amamantarlo, cuidar la salud del nuevo ser, mimarlo y obligarlo a prepararse para que cuando crezca se coma al mundo. Comerse al mundo lo tienes que interpretar como la lucha por la existencia para sobrevivir en un mundo tan maravilloso en el que vivimos, y que pueda conseguir el éxito en cualquier actividad, y en cuantos objetivos se proponga.

El emprendedor puede llegar a tener una buena casa, un automóvil, un yate y quién sabe qué más. Todo lo habrá ganado con el esfuerzo de su trabajo, porque por sí solo no viene nada. Ese mundo de rosas

te está esperando y te lo has de ganar a pulso. Acuérdate de que nadie te dará nada por nada, y partiendo de poco la riqueza se la tiene que ganar uno mismo, con su propio esfuerzo e inteligencia.
El nuevo emprendedor ha de tener fe, creer en él, y en sus ideas y proyectos. Sus objetivos han de ser conseguir la victoria en el primer negocio que emprenda, y en los que le sigan. Si eres competente en lo que haces y pones todo tu empeño en ello, lo conseguirás. Al comienzo, puedes ser el novato que ha de ir descubriendo por sí mismo en lo que se fundan los negocios, y si eres activo, te convertirás en un competidor más de los muchos que existen en los negocios. Este libro te ayudará a descubrir, errores que puedas cometer antes de que se produzcan. Aun así, piensa que el trabajo te enseñará, hay un refrán popular que reza "haz un cesto y harás ciento", hacer negocios es una rutina que se aprende.
Los negocios son como jugar una partida de cartas, cada vez que se juega se utiliza la misma baraja, y todas las partidas son diferentes. En los negocios hay que evitar que la competencia descubra tu juego, y ser creativo para conseguir ganar la partida. <u>El sol sale para todos por igual, pero solo los más eficaces y constantes emplean mejor su energía.</u>

FRANQUICIAS, OTRA FORMA DE NEGOCIO. 67

Son muchas las empresas extranjeras que con sus franquicias están invadiendo el país, han sido las pioneras. Actualmente, muchos de los empresarios de estas tierras que han tomado buena nota y conocen cómo funcionan, venden sus conocimientos de empresarios como franquicia. Las primeras franquicias conocidas pareen que sean las hamburguesas y otras, pero no es así, hay refrescos populares, que se explotan en España desde hace cien años, como la Coca-Cola. Recuerdo cuando tenía seis o siete años (ahora cumpliré pronto setenta y cinco y pico...) veía cómo llevaban en un carro tirado por un caballo, cajas de gaseosas para su reparto, y el cartel de Coca-Cola colgado en un lateral del mismo. También recuerdo en la parte baja del mostrador de una tienda de comestibles, a la altura de mis manos, unas chapas con el anuncio de caldo en cubitos de una marca Maggi, Patax, o parecidas. Todo esto, sea por el pago de royalty o franquicias, ya funcionaba. A estos empresarios son a los que habría que llamarles los verdaderos emprendedores y estrategas de los negocios. En estos momentos, los más destacados y por ser negocios populares, son los de comida rápida. Un ejemplo bien claro es el de la empresa MacDonald', sus franquicias están instaladas por todo el mundo y su política de crecimiento es admirable. Leer la historia de esta empresa escrita por un prestigioso periodista norteamericano, puede ser alentadora para un emprendedor. Su lectura es apasionante

FRANQUICIAS DE BOCADILLOS Y SUS SECRETOS PARA VENDER MUCHOS 68

A cualquier parte del mundo llegan unos señores inteligentísimos, se establecen en los lugares más estratégicos de las ciudades, y a vender bocadillos, hamburguesas, perritos calientes, etcétera. Los sirven envueltos en papelinas de colores, dan un servicio excelente, una limpieza impecable, y precios competitivos. Como ellos dicen: "Servicio, calidad y precio". Y entonces, ese público más exigente que nunca comió bocadillos en las calles, se acostumbra a ser un nuevo consumidor.
El público necesita novedades, servicios rápidos y económicos. Bueno, a veces lo de económico habría que cambiarlo por lo de cómodo, el público se acostumbra pronto a lo fácil, comen en cualquier lugar si es necesario. Estos negocios están bien pensados, venden y cobran en el mostrador, y antes de consumir. No se puede discutir que el negocio no esté bien enfocado. Fácil de elaborar y fácil de vender. Lo más difícil es tener el dinero, y encontrar el buen lugar donde instalarse. Si es el sitio idóneo, comienzan a vender desde el primer día de su apertura. Simplificando se aumentan las ventas.
Muchas empresas de este tipo toman como empleados a estudiantes, y si lo siguen haciendo, tendrán sus motivos. Este negocio es como cualquier otro, se puede copiar, imitar, mejorar o cambiar, sin olvidar la clave del éxito, (servicio, calidad y precio) y es muy importante no equivocarse al elegir el lugar de la batalla. Son muchas las empresas extranjeras de todo tipo de franquicias que se están instalando en nuestro país. Si tú sabes manejar un negocio de

la A la Z, y si tu economía y tus puntos de mira coinciden con la idea de poner franquicias, adelante.

LAS FRANQUICIAS. 69

Si conoces tu empresa, poner una franquicia es como poner un segundo negocio idéntico, con su configuración y desarrollo. El franquiciador es un industrial que conoce su oficio, y cede y enseña sus conocimientos y su experiencia para que otras personas puedan instalar un negocio como el suyo. Cede la explotación de su marca o el nombre comercial de su empresa, enseña el manejo del negocio; asimismo, recomienda los mejores lugares para instalarlo, el local necesario y su capacidad. Conecta con financieras, facilita el contacto con los fabricantes de maquinaria, o la facilita él mismo. También proporciona materias primas, o artículos comprados o elaborados y fabricados por ellos. Todo lo que proporciona el franquiciador va a cargo del emprendedor que toma la franquicia para su explotación.

EL FRANQUICIADOR COBRA POR TODO, AL FRANQUICIADO. 70

Cobra una cantidad por explotar su nombre, cobra una comisión de las ventas, cobra igualmente otra cantidad por la publicidad nacional o regional, igualmente hay otros gastos que cada empresa aplica a su comodidad. Ellos se encargan del proyecto y de la instalación, para que todo se ajuste a la idea de la marca. Otras franquicias cobran una sola vez por enseñar y poner el negocio en marcha. Algunas tienen otras fórmulas de cobro, ya que son diferentes. Su objetivo siempre es el de enseñar el manejo de un negocio y cobrar por ello, firmando un contrato por un tiempo acordado.
Recomiendo visitar ferias de franquicias en Valencia y Madrid, (España), son certámenes anuales y bianuales, en las que exponen tiendas representativas de sus empresas. Las Cámaras de Comercio pueden informarte de las fechas de cualquier feria de muestras o franquicias en el Estado español, incluso en las de otros países. Si eres un emprendedor más que empieza, debes visitarlas; es muy ilustrativo y te puede dar buenas ideas. Si eres un comerciante

establecido y no has visitado ninguna feria de las franquicias o de muestras, no dejes de hacerlo.

MANIPULAR, IMITAR Y MODIFICAR. 71

Muchos negocios de éxito se fundamentaron en ideas propias, otros muchos se llevaron a cabo con acierto, copiando o imitando; cambiaron algunos componentes o modificando su apariencia física. Con el cambio de apariencia de un producto, y la alteración de su fórmula en muy pequeña cantidad, se puede conseguir el mismo objetivo y el consumidor lo aceptará con normalidad.
El emprendedor, cuando se ingenia para crear una forma de trabajo o un artículo que quiere destinar al consumo, ha de emplear su imaginación para que ese producto o esa forma de enfocar un negocio, tenga buena acogida entre los consumidores. Hay público muy inteligente que se da cuenta cuando estos artículos se repiten una y otra vez. Por lo general, los que más se fijan en estos detalles suelen ser los empresarios o personas allegadas a estos negocios. Copiando artículos registrados, te sales de la ley. Las copias o imitaciones descaradas hay que evitarlas, y más si están registradas. Hay que tener mucho cuidado y estar bien informado de lo que no se puede hacer, o si se puede hacer legalmente. Cuando copies, modificando, estarás impregnando ese artículo con tu personalidad.
Las fórmulas o formas de trabajo serán diferentes, y el consumidor las aceptará como novedad siendo artículos semejantes a muchos de los que se venden; pero nunca deberán ser iguales, tanto su imagen como su marca registrada. Esos artículos, al estar modificados en el laboratorio de tu cerebro, habrán tenido un cambio y será tu ingenio el que le impregnará la magia que las conducirá hacia el éxito. A veces oirás que dicen de alguien, "es que este tío tiene suerte, y todo lo que hace le sale bien" ese tío, como dicen, ha descubierto la magia de la suerte. Esa magia que todos llevamos dentro de nuestro ser, la que despertamos cuando nos entregamos a nuestros pensamientos y a las ideas que llevamos en nuestra cabeza hasta hacerlas realidad.

LA SUERTE Y EL JUEGO. 72

La suerte en los negocios se puede conseguir con mucha facilidad. Cualquier artículo o producto que consumimos lo tenemos a nuestro alcance, podemos imitarlo y modificarlo, siempre que no nos salgamos de la ley haciéndolo completamente igual. La suerte en el juego es mucho más difícil. En la lotería, hay infinidad de números y es muy complicado de acertar. En la lotería primitiva, leí alguna vez, que las posibilidades de acertar estaban entre trece a quince millones la de tener la oportunidad de que sea tu boleto el agraciado.

¿POR QUÉ TRIUNFAN LAS IDEAS PROPIAS? 73

Al leer este comentario sobre copiar, no te alarmes. Pongo un ejemplo: fíjate en cuántas marcas de chocolate en polvo hay en el mercado, y todas tienen casi la misma fórmula; unos son algo más dulces que otros, y otros espesan más. Ninguno de estos preparados de chocolate se escapará de que su contenido básico sea el de los componentes de féculas de trigo o de maíz, azúcar glasé (tamizada en polvo) y cacao puro en polvo.
 El cacao, con su molturación, se convierte en producto pastoso, de ahí viene decir manteca de cacao en algunas formulas de chocolate. Una vez que se prensa el cacao virgen, se obtiene por una parte un líquido pastoso que es la manteca de cacao, y por el otro queda la pasta comprimida bajo la prensa. Pasta dura que, al molerla, se convierte en cacao en polvo. Al chocolate en polvo preparado para su venta, le puedes agregar conservantes, colorantes, o algunos otros aditivos regulados y autorizados por la ley, así como esencias canela o vainilla en polvo, etcétera. La fórmula la puedes cambiar, siempre que no alteres lo básico del producto final, como el azúcar, y el cacao, además de los otros ingredientes comentados. Las fórmulas de fabricación son variables.
En las delegaciones de industria, o en algún otro de departamento del Estado, te puedes informar del mecanismo para la regulación del producto para su venta. Los pasos de legalización documental son bien simples, y será mejor que el trámite lo haga tu gestor en patentes y marcas. Ellos saben los trámites de todo y, si no lo saben, lo averiguan. Sobre los aditivos, las mismas empresas que los

suministran te informarán del producto y sus dosificaciones. Si "casi" copias la fórmula de una marca, nunca será la misma cantidad de ingredientes aunque sean aproximados.

Prohibido copiar marcas registradas. No se pueden copiar el nombre de una marca, pero sí puedes poner tu marca en un producto, con los requisitos legales como envasador o fabricante de artículos de alimentación, o de cualquier otro producto que se pueda vender en el mercado si la fórmula, el formato del envase y la marca son distintas a esas otras registradas. Esto sería otro artículo más. Habrás podido ver en los establecimientos de alimentación que cuando sale un producto nuevo, al poco tiempo aparecen otras marcas de productos similares. Una empresa sacó las tortillas de distintos componentes, de cebolla, de verdura, etcétera, envasadas al vacío y conservadas en frigoríficos; al poco tiempo aparecieron otras empresas con sus tortillas mejoradas. La verdad es, que solo cambia la marca, la envoltura es transparente en todas y con distinta etiqueta.

Si se fabrica un bolso de señora, que has visto en los comercios y que tiene mucha aceptación, tú puedes fabricar uno parecido sin que sea igual, La forma puede ser similar, siempre que le hagas algún cambio, para que no sea exacto. Todo es un juego de inteligencia e imaginación. Hay productos de marcas conocidas que los imitan y los hacen exactos, eso es falsificar, cosa que no se debe hacer, y está castigado por la ley.

LA COMPRA DIRECTA A FABRICANTES. 74

Cuando las grandes empresas venden determinados artículos a precios más bajos que la competencia, el pequeño emprendedor esta difícil competir con ellos por lo ajustado de los precios. Claro que también te puedes fabricar tú mismo un artículo determinado, y venderlo directamente al consumidor en tu propio establecimiento, entonces, si tus competidores se valen de proveedores lo tendrán difícil venderlo al precio que tú lo vendas. El fabricar un artículo y venderlo al por menor, tenemos la ventaja de que solo interviene tu empresa, consiguiendo mejores ventas, aunque se sume el gasto de fabricación. Siendo eliminados transporte de mercancía, comisiones y otros gastos de intermediación. Se puede vender a más bajo precio que el de la competencia y obtener más ganancias. Esto es como todo; primero se aprende a fabricar la cosa bien hecha y después a producirla en serie. De ahí puede venir la instalación de una pequeña fábrica, para la venta al por mayor.

Son muchas las empresas de distribución y venta al por menor; como los supermercados, que a su vez crean otras empresas para fabricar productos para ellas mismas. Esto es muy fácil de comprender. Sucede que cuando tienen la seguridad de que determinados artículos tienen una buena tirada como, por ejemplo de productos alimenticios, instalan una fábrica para producir una buena cantidad de productos con nombre propio; procuran fabricar artículos de calidad, ya que su reputación está en juego. Estas segundas empresas juegan a ganar, su producción está cubierta con sus propias tiendas de venta.

También hay grandes distribuidoras, que acaparan la producción de otras, ajustado los precios y obligándoles a estas, a que sea su nombre comercial el que aparezca en esos productos. Esto lo pueden hacer con infinidad de productos. Pueden ser, de productos alimenticios, que igual fabrican galletas que mermeladas, mahonesas, conservas y otros muchos de consumo popular. También suelen comprar cualquier producto en origen a buenos precios, y envasarlos, o encargar a otras empresas que los envases para ella, a precios reducidos bien ajustados, con su propia marca.

EL FABRICANTE NO DEBE FABRICAR PARA UN SOLO CLIENTE. 75

Estos grandes almacenes tienen compradores especializados que efectúan compras de todo lo que creen rentable. Hay pequeñas, medianas o grandes industrias que, en determinados momentos, trabajan para grandes establecimientos. Estas empresas, corren el riesgo de que cuando esos clientes se cansan de sus artículos, cambian de proveedor o deciden fabricárselo ellos mismos, tal vez en ese momento no tengan otros clientes. Mi recomendación es, no confiar en las grandes empresas, ni en sus grandes pedidos. En el supuesto de que fabriques algún artículo para restas empresas de distribución, debes de ir ampliando tu cartera de clientes, para que cuando te digan que ya no te compran, no te dejen tirado en la calle y sin clientes. Siempre se ha dicho que prevenir es curar.

UNA LÁMPARA DE MESA, COMO EJEMPLO. 76.

Tenía una lámpara de mesa estropeada. Dije: "como está inservible, la desmonto", así lo hice. ¿Sabes de cuántas piezas se componía? De catorce piezas, ¿crees que son muchas? Desmonta un bolígrafo de los menos económicos y verás de cuántas piezas tiene, o un reloj despertador, de esos que a todos se nos hacen viejos y los tiramos o arrinconamos. Cada negocio es como una maquinaria con sus elementos necesarios a los que no se les puede quitar ninguna pieza si queremos que funcionen bien. Todos los negocios necesitan su planificación, y no son tan difíciles, lo más difícil es comenzar. Tantas historias te pueden cansar pero las debes interpretar como un soplo de aire fresco que te alinee con las ideas del luchador. Si te formas y adquieres la costumbre de investigar todo antes de hacerlo, cada negocio que acometas será un nuevo triunfo. Cuando termines de leer este libro, conocerás por qué fracasan algunos emprendedores, sabrás los errores, aparentemente insignificantes que bien pudieran ser los culpables de algunos fracasos. Tu ingenio para descubrir formas de negocio te alentará a seguir pensando, y te irá revelando lo que tantas personas no ven teniéndolo delante de los ojos. No olvides que para pensar, no necesitas compañía, en esos momentos tu mejor acompañamiento serán tus pensamientos.

FABRICANTE CASI EN BROMA. 77

Residíamos en Barcelona, teníamos alrededor de veinte años más o menos, un amigo mío, después de su trabajo y en su tiempo libre, envasaba jabón en polvo en sobres impresos con una marca que se inventó, sin ningún registro, ni dado de alta en nada. Buscó una fábrica de detergentes, compraba bidones de cincuenta kilos de jabón en polvo a precio de por mayor, los envasaba en sobres de 200 gr. Después fue modificando su contenido. Los ponía en cajas de cartón, etiqueta con su marca, con capacidad para cincuenta unidades. Su producto lo ofrecía por tiendas de barrio, y a la que se resistía le dejaba la caja en depósito, cuando pasaba de visita a la semana o poco más, ya los habían vendido. Nunca se imaginó que estaba trazando el camino de lo que con el tiempo sería una fábrica de jabones. De tantas marcas de jabón que se ven en el mercado, la mayoría compra el detergente en polvo blanco o en líquido, de los

colores que estas fábricas. Después, se hacen divisiones, a unos se les mezcla un poco de color verde, azul o cualquier otro, y ya tenemos un jabón en polvo para envasar con su marca correspondiente. Las fabricas de detergente también tienen sus diferentes calidades y precios,
para hacerlo más caro o más barato. Cuándo tengas algunas ideas, lo primero que pensarás es: "¿Y dónde compro las materias primas?". Existe un anuario y las Hojas Amarillas de telefónica de toda España, en las que encontrarás direcciones de proveedores y fabricantes de todo tipo. Esto mismo también ocurrirá en otros países. Bueno, hoy es mucho mas fácil, entra en Internet y encontrarás lo que necesitas.

LA CREACIÓN DE NEGOCIOS EN CADENA. 78

Puede ser altamente rentable la instalación del negocio que conoces en otros lugares. Repetir no es crear de nuevo, lo tienes todo sabido y te resultará más fácil y económico repetir el segundo negocio, y así sucesivamente. Además, tienes la ventaja de la experiencia, tanto en instalación, la puesta en marcha, el funcionamiento y todos los conocimientos necesarios que tienes aprendidos del primero. El segundo negocio de la misma especialidad tiene la oportunidad de ganar más dinero, ya que las compras de las materias primas y los productos a comercializar o vender son mayores, por lo que será posible conseguir mejores descuentos. Repetir un negocio es explotar tu propia experiencia. Después, podrás poner el tercero y los que le sigan, incluso con dinero prestado de los bancos. Entonces obtendrás créditos con facilidad para seguir ampliando negocios.

EL SEGUNDO NEGOCIO, GEMELO DEL ANTERIOR. 79

El emprendedor que tiene corazón y ganas no deja nada que le pueda ser útil en su lucha por la supervivencia.
Con el primer negocio que instala va descubriendo empleados capaces de seguirte, y colaborar en la puesta en marcha del segundo.
En el segundo negocio, el trabajo es más fácil. Como ya tienes experiencia, con solo ver las personas que pasan por las calles y estudiar el movimiento de personas de un determinado sector, sabrás

si el lugar es apto para instalar otro. Seguidamente podrás calcular los empleados que se necesitarían y las ventas que se podrían hacer en ese nuevo establecimiento. Los conocimientos adquiridos en el primer negocio servirían para reducir gastos, y poner desde el principio lo justo y necesario para que el negocio funcione desde el primer día. En los primeros días estarás tú, o alguno de tus empleados más responsable de tu empresa. Se delegará en la persona adecuada para que el negocio funcionara a la perfección sin que fuese necesario que estuviera el propietario. Aunque siempre será conveniente la participación del emprendedor, hasta que se deja rodando y en marcha el negocio con plena seguridad. Cuando quieras saber como funciona un negocio, has de verlo con tus propios ojos estando en él, el tiempo necesario. ¿Desconfianza? No, es que tú eres así de raro.

EL JEFE HA DE ESTAR EN TODOS LOS SITIOS Y EN NINGUNO. 80

El jefe, o los jefes, han de estar en todo, y saber todo lo que ocurre en sus negocios. No deberá tener un puesto fijo que no les permita moverse, ya que si no se pueden mover por algún motivo, no lo podrían controlar con eficacia. Los segundos negocios pueden ser más pequeños o más grandes, todo dependerá del sector de población, y los empleados necesarios para que ese negocio sea rentable sin que dé dolores de cabeza. Con inteligencia, y las personas adecuadas, se consigue que cada segundo o tercer negocio trabaje con éxito y con beneficios desde el comienzo. Los negocios que siguen al primero se ponen con dinero de los bancos, ellos saben cómo funcionan y los créditos serán más fáciles de obtener. Los negocios son visión, equilibrio y dedicación

EL OJO MÁGICO QUE LO VE TODO. 81

Hay empresas que tienen un ojo mágico que lo ve todo desde la oficina. Me dijo una vez un empresario amigo: "Sube a mi despacho, que te voy a enseñar mi secreto". Subí a su oficina, y pude ver que parte del suelo y una pared era de cristal transparente. Me dijo: "Ven a ver esto", tocó un interruptor y comenzó a oírse el ruido del taller. "Esto que a ti te enseño, se lo enseño a todos los empleados cuando empiezan a trabajar en esta empresa. Después aquí no entran más. Parece un centro de espionaje le dije, no es así, apenas si miro lo que ocurre, todo el mundo trabaja en lo suyo y el negocio funciona a las mil maravillas. Es un efecto psicológico que da un excelente resultado.

A nadie he tenido que despedir por esta causa, el comportamiento, la camaradería y la buena armonía entre los mismos empleados es admirable". Le contesté, que nunca se acababa de aprender. Este amigo es extraordinario con los empleados, los trata como compañeros, sin dejar nunca de ser el jefe, estos saben estar en su puesto guardando las distancias, y los negocios les dan buenos resultad.

TRABAJOS EXTRA, BUENA FUENTE DE INGRESOS PARA COMENZAR. 82

Nos basamos en que no dispongas de dinero suficiente para comenzar tu independencia. Ya hago referencia de los comentarios siguientes, en la 2ª parte para hostelería y siendo consciente del hecho, por ser una buena solución, para personas deseosas de hacer crecer su economía, encuentren el camino más fácil. Voy a pensar que no tienes nada de nada, incluso ni un oficio. ¿Te parece bien? Generalizo, para que todas las personas con ganas de superarse puedan comprenderme. Supongamos que trabajas en una empresa, y que no tienes libres los fines de semana. Tienes que arreglarlo para que esos días puedas disponer de ellos para hacer lo que quieras, y, si no es así, cambia de trabajo. No olvides que el trabajo fijo solo existe mientras a esa empresa en la que estás le convenga..

Podrías ser de esos camareros que trabajan los días festivos. Si es necesario, dejas ese trabajo y buscas uno en el que tengas fiesta los fines de semana. Serían ocho días al mes para ocupar ese tiempo en otro trabajo, que bien podría ser de camarero extra. Tiene gracia, ¿verdad? Lo que ocurre es, que si trabajas de camarero, por lo general tendrás ocupados los fines de semana o días alternos. La otra clase de trabajo que hagas esos otros cinco días, igual da que sea de oficinista, en un taller, peón de albañil, de dependienta, en una fábrica, o policía nacional, la cuestión es, tener un trabajo de lo que sea, y que los fines de semana los emplees en trabajos extra y puedas doblar el sueldo mensual. ¿Te parece bien? Pues, manos a la obra.

TRABAJOS DE FIN DE SEMANA. 83

Las empresas de hostelería tienen más trabajo los fines de semana que los días restantes, y estas necesitan refuerzo de empleados en sábados, domingos y días festivos. Pongamos un ejemplo: las cafeterías o restaurantes que no cierran ningún día de la semana necesitan tener una plantilla de empleados un poco más crecida de lo normal, para que puedan guardar la fiesta semanal uno o dos de ellos cada día. Siempre dependerá de la cantidad de empleados pero, aun así, necesitarán reforzar los fines de semana con algún empleado extra. Ahí entras tú, te puedes ofrecer para trabajar esos dos días, no importa las horas que se hagan, si te las pagan. Además, te darán la comida gratis, como es norma en la hostelería.

Tu oferta ha de ser la de trabajar los fines de semana completos, y no que te avisen cuando a ellos les convenga Al principio puedes admitir cualquier trabajo en cualquier empresa de este tipo, de ayudante de camarero, ayudando en la cocina, o donde convenga a la empresa. Si no has trabajado nunca de camarero, aprenderás en poco tiempo lo imprescindible para defenderte.

La práctica enseña. Si te sale un trabajo que no es el que te conviene, sigue haciendo las visitas necesarias hasta encontrar el bueno, y no el que le pueda convenir a esas empresas. Te saldrán trabajos para una tarde, y no te resolverán tu finalidad. Acéptalos de momento, "si te convienen" mientras te valdrá de prácticas, pero no dejes de buscar. Si te encasillas en ese trabajo de una tarde y no buscas otro, te estás equivocando.

LAS EMPRESAS DE COMIDA RÁPIDA. 84

Las más populares se valen de estudiantes para los trabajos de tarde-noche, todos los días incluidos festivos. También puede ser un puesto de trabajo extra cuando te convenga, no ganarás tanto como en los banquetes, pero la cuestión es trabajar los fines de semana donde te den de comer y un gasto menos que tendrás.

Fíjate bien en todo lo que se maneja en cada trabajo que hagas, tal vez te pueda valer algún día para instalar tu primer negocio. Si te ofreces para trabajar de camarero, y no lo has hecho nunca, puedes decir que no eres profesional pero que te puedes defender, ya que ayudabas en el bar de un amigo o de un pariente, y tal, etcétera. Las medias verdades no tendrán gran importancia, pero te podrán ayudar. Cuando una empresa de hostelería necesita personal y no encuentra profesionales, admiten novatos, con la esperanza de que sean eficaces. A hacer de camarero de barra o mesas los días de mucho trabajo, se aprende rápido. Deberemos fijarnos en los camareros cuando estos hacen su trabajo.

También debes leer en la biblioteca algún libro de hostelería, con ellos aprenderás a montar una mesa, cómo se colocan los cubiertos, por qué parte se le sirve al cliente y retiran los servicios, así como el nombre de las cosas más importantes. En un libro aprenderás lo suficiente para trabajar en estos servicios ocasionales, después, el trabajo será una rutina y uno de los más fáciles del mundo. Son muchos los personajes de la historia moderna que trabajaron de camareros en sus comienzos Trabajos de esta clase los encontrarás en cualquier lugar en el que te encuentres. Bueno, Después de que leas mis escritos podrás andar suelto en el mundo de los negocios.

LIBROS Y PRÁCTICAS. 85

Busca el libro que más te convenga, con su lectura y las prácticas que puedes hacer en tu casa, aprenderás bastante. Practica llevar dos o tres platos en una mano, varios vasos llenos de agua y alguna botella sobre una bandeja, será una buena preparación de equilibrio para desenvolverte en ese trabajo. Te contaré algo que me ocurrió cuando trabajé unos meses de camarero para banquetes, siendo muy joven. En los banquetes existen determinados platos de entremeses o fritos que sirven los camareros directamente desde la bandeja que llevan en una mano, mientras con la otra sirven los alimentos al plato del cliente por medio de unas pinzas. Los camareros utilizan como pinzas un tenedor y una cuchara, cogidas con una mano manipuladas con habilidad. Muchos camareros se precian de que lo saben hacer muy bien. Cuando veía lo que me tocaría hacer sin saber manejar las pinzas, del tenedor y la cuchara, salí un momento a la calle, busqué una tienda, y me compré unas discretas pinzas simples de pastelería. Llegado el momento de ese trabajo de los entremeses, me saqué mis pinzas del bolsillo, y hacía el servicio como el mejor camarero. Le di una patada al orgullo profesional, sin proponérmelo; lo sentí, por una parte pero por otra salí airoso de mi trabajo. Con esto quiero decir que no te debes ahogar en un vaso de agua, todo lo que se planifica con tiempo da buen resultado. Mi planificación fue preparar las pinzas. No olvides que estas empresas lo que necesitan son personas correctas, honradas y, sobre todo, dinámicas. En los restaurantes hay unas horas determinadas para hacer una recaudación apreciable, y en esas horas hay que trabajar con velocidad aprovechando el tiempo al máximo.

OTRA FORMA DE ENCONTRAR ESE TRABAJO. 86

Pregunta a camareros de restaurantes o cafeterías importantes, para trabajar de extra en los fines de semana, y si uno no lo sabe, le preguntas a otro, y a los que haga falta, alguno lo sabrá. En este gremio hay una buena relación de comunicación para estos trabajos. Son muchas las personas que tienen un buen empleo en otra actividad y los fines de semana hacen de camareros para banquetes. Si has aprendido suficiente para desarrollar ese trabajo, y te admiten, acude sin miedo, prepárate un pantalón y zapatos negros, camisa blanca, pregunta o fíjate las que lleven los camareros de esa empresa. Si llevan chaqueta o chaleco de diferente color al negro, la empresa te la dejará, o te la compras en una tienda especializada de la que te dirá su dirección.

LO QUE SE PUEDE GANAR. 87

El dinero que se puede ganar en cuatro fines de semana puede suponer el sueldo de un mes de un trabajo fijo. Si no conoces este trabajo, puede que te preguntes cuánto ganan en un fin de semana. Te pondré un ejemplo: a la fecha del año 2004, una auxiliar de oficina o una dependienta de comercio podían ganar con seguros incluidos, entre 700 y 800 € al mes, más o menos. Por cada servicio de banquetes puedes ganar, aproximadamente, unos 90 a 100 €. Suponiendo que un fin de semana se hacen cuatro servicios: viernes noche, sábado mediodía y noche, y domingo a mediodía, serán cuatro servicios por cuatro semanas, lo que en el mes representa 16 servicios. El tiempo del servicio de un banquete puede ser desde una

hora antes del banquete, hasta el desmontaje de las mesas de servicio. Se suele acudir tiempo antes, para montar las mesas o, si comes en la empresa, que suele ser antes del servicio y gratis, por supuesto. Podrás doblar el sueldo. Suponiendo que solo fueran 10 servicios al mes, serían alrededor de 1.000 €.
Está muy claro que las empresas que hacen este tipo de servicio tienen ocupados los fines de semana de todo el año con camareros extras. Nota: Todo cuanto digo, se puede desarrollar en una ciudad en la que caben todas las formas de trabajos extra. No importa que habites en un pueblo cercano a la ciudad. Los obstáculos de distancias, y otros, considéralos insignificantes para conseguir tus objetivos. Piensa siempre que tú eres diferente, y que los propietarios de los problemas son los "otros", los que quieren ser siempre pobres.

CADA EMPRENDEDOR TIENE SU TÉCNICA PARTICULAR. 88

Todas se basan en un mismo fin, hacer negocio, ganar dinero, crear trabajo para otras personas y hacer la nación cada vez más potente. Luego está la parte más importante, la satisfacción de haber creado empresas con tus propias ideas consiguiendo grandes éxitos. Para que tus negocios funcionen, no te recrees aireando los secretos de tus éxitos, porque podrías perder la batalla, y si pueden, te copiarán y te harán la competencia. El secreto mejor guardado es el que no se dice.

LOS BENEFICIOS DE LOS SEGUNDOS NEGOCIOS. 89

En un segundo o tercer negocio no es necesario que haya mucho personal empleado, se debe tener el necesario, y siempre un poco justo, para obtener el prudentes beneficios, y que perduren estos. Un conocido heredó de su padre una colchonería bastante modesta, de esas antiguas que hacían todo lo relacionado con los colchones. Han pasado varios años, hoy tiene en la misma ciudad tiene siete u ocho tiendas para la venta de colchones somieres y complementos, como empleados, una dependienta en cada tienda. Todas las tiendas están bien surtidas, la mercancía que hay expuesta no está repetida. Tiene una nave industrial en la que almacena existencias de las más vendibles para servir a los clientes en pocos días los pedidos. Otros productos de lo que no dispone en ese momento los piden seguidamente a fábrica, o los sirve de la exposición y después los repone cuando recibe el pedido del fabricante. Como puedes ver, aquí hay pocas mermas. Me decía en una conversación: "Yo me conformo con tener un sueldo por cada tienda, además de cubrir todos los gastos generales". Es un dato a tener en cuenta, ya que cualquier cadena de pequeñas tiendas bien organizadas, puede ser un buen negocio.

¿POR QUÉ TRIUNFAN O FRACASAN ALGUNOS EMPRENDEDORES?

CAPÍTULO 3º 90

LA VID ES LA MADRE DEL VINO, Y EL TRABAJO NUESTRA FUENTE DE RIQUEZA. 91

Los emprendedores son aventureros con coraje, y dispuestos al sacrificio, que toda sociedad necesita para continuar su progreso. Está bien claro que entre los emprendedores hay diferencia de razas, religiones y poderes económicos, pero lo que no se puede negar es que son verdaderos conquistadores. Cuando oigas decir "yo no quiero ser emprendedor", a esas personas las tendrás en tu memoria para darle trabajo cuando las necesites. Con ellos no se habría descubierto ningún continente, ni se habría inventado nada, y aún estaríamos en la oscuridad de los tiempos, no obstante, son muy necesarios como consumidores y como empleados, para que el desarrollo de la economía en el mundo de los negocios no se detenga.

CUÁNDO SE INICIA UN NEGOCIO. 92

Si dispones de pocos recursos puedes empezar con algo pequeño y si trabajas duro y entregado a tu negocio, cuando te quieras dar cuenta ya estarás metido y serás un emprendedor más. Al poco tiempo te preguntarás a ti mismo: "Pero, ¿cómo he sido tan necio, he estado tan ciego y he tardado tanto tiempo en decidirme a trabajar por mi cuenta?". Cuando se pierden esos complejos y ese miedo infundado, descubres que hay otras formas de vivir y de manejar el dinero de verdad. Si un negocio sale mal o regular, no puedes pensar a la ligera que fracasas por desconocimiento del negocio. Posiblemente no hayas sido lo suficientemente precavido para estudiar el proyecto en el más mínimo detalle. Puedes conocer un oficio o una profesión, que según tú, te garantiza el éxito.

¿CONOCES EL OFICIO DE NEGOCIANTE?, 93

¿Te has asesorado sobre lo que es y cómo funciona un negocio de cualquier tipo? Con esta lectura aprenderás cómo hay que planificar el comienzo de cualquier actividad empresarial, de pequeño o mediano volumen, y su final. Leí no hace mucho tiempo, que en alguna academia de pintura en Nueva York, además de enseñar a pintar, enseñaban a vender sus cuadros "enseñaban a negociar" sus productos.

OBSERVACIÓN EN COMERCIOS. 94

Cuando un emprendedor entra en un establecimiento comercial, enseguida percibe el ritmo de trabajo, la atención que se les prestan a los clientes, o el orden o desorden en la planificación de las ventas. El dependiente debe saber que su objetivo es vender, además de conocer el producto que vende, ya que es sumamente importante poder argumentar sobre la mercancía que maneja para realizar buenas ventas. El cliente pregunta y pregunta, y el vendedor ha de estar dispuesto a calentarle el corazón y el deseo de compra. El cliente, en ese momento está en manos del vendedor, y este solo consigue el éxito cuando realiza la venta. La empresa tiene la oportunidad de obtener ganancias y los empleados asegurar sus sueldos.

AL ÉXITO SE LLEGA CON EL ESFUERZO. 95

Recuerdo en la película americana FAMA, academia de actores en Nueva York, cuando los profesores les decían a los alumnos: "¿Queréis ser famosos? ¿Queréis llegar a la cumbre?". La suerte estará de vuestra parte si trabajáis y estudias duro, y lo podréis conseguir, pero sudareis como nunca. Cuando somos jóvenes, todo lo tenemos muy fácil sin pensar en el sacrificio y esfuerzo que hicieron nuestros padres para que tuviéramos buenos colegios hasta llegar a la Universidad.
Cuando se habla de sacrificio, parece que hablamos de martirio. No, eso no es así. Por lo general, un emprendedor lleva con orgullo eso del "sacrificio" por que sabe que es el "arma" para vencer. La conquista del éxito consiste en aplicar la inteligencia y nuestra entrega personal, en aquello que nos proponemos hasta alcanzar nuestras metas.
Ser emprendedor es algo más que ser un empleado a sueldo. Es ser un guerrero que duerme lo justo, por la necesidad que tiene de

conseguir su propósito. Todos queremos ganar dinero sin olvidar que todo cuesta su tiempo y su esfuerzo. Cuando se oye decir, es que fulano tiene suerte, seguro que está olvidando el esfuerzo que ha tenido que realizar para conseguirla. La suerte está con nosotros desde que nacemos, y es cuestión de que la espoleemos, y que nos arriesguemos en la ruleta que nos tocó jugar.

EMPRENDEDORES SIN PREPARACIÓN. 96

Hay muchos emprendedores que triunfan en el primer negocio que instalan, y algunos otros a los que les salen de regular a mal. A veces no es porque sea un mal negocio sino porque no tuvieron la idea de asesorarse sobre lo que pretendían hacer. Todos los trabajos necesitan sus técnicas y conocimientos. Aunque nunca es imprescindible ser un maestro en la especialidad. En este manual se explican las cosas importantes que debe saber un emprendedor, después estarás capacitado para emprender cualquier negocio corriente, y tú tendrás la obligación de hacerlo grande e importante, incluso tal vez inicies alguno en el que habías pensado en otra ocasión, que haya sido tu profesión, o lo sea en este momento. Por muy profesional que seas, en esta lectura encontrarás algo en lo que no habías pensado y que puede ser definitivo para conseguir tus propósitos.
Al ir acompañado de mi experiencia, la palabra fracaso la borrarás para siempre de tu mente. Aquí encontrarás ideas y formas de hacer para aplicar en distintas actividades. Al adquirir este libro, has abierto esa ventana que haz tenido cerrada, y por la que entrará ese rayo de sol que te iluminará a lo largo del camino que te has propuesto. En el colegio, en mis tiempos, nos hacían repetir la tabla de multiplicar hasta que la sabíamos de memoria para siempre. Insistiré una y otra vez en las cosas que más te deben interesar para que no fracases en el primer negocio que inicies. Y la única manera de que yo, también sea feliz con tus éxitos es que los consigas.

SER ECONÓMICO SIN PASAR NECESIDADES. 97

Vivimos en una época de consumo desmedido, si tienes un trabajo normal y no posees bienes propios, has de pasar del consumismo cotidiano. Tu austeridad no tendrá límites y solo gastarás lo necesario. Algunos días, y por motivos del trabajo, comerás uno o dos bocadillos que te harás tú mismo. Tomarlos en el bar es muy cómodo, pero pagarías el triple. Es muy fácil llegar a un bar y pedir un bocadillo de esto y una bebida de aquello. Con menos de lo que pagas una sola vez, podrás comer todo el día y más abundante. Con la lectura de este libro, aprenderás formas y fórmulas para hacer economía y ganar dinero, después dependerá de ti que quieras o no conseguirlo. Mis explicaciones parecerán ridículas para algunos, sobre todo cuando están respaldados por sus padres. Estos, en la mayoría de las veces son los que les sujeten las alas en el primer vuelo. ¿Que cuánto podrías ganar en el futuro? Lo que quieras, y no te sonrías, te hablo en serio. El dinero que ganes desde ahora lo gastarás con cuentagotas, el ahorro y el trabajo será tu única finalidad; así llegarás a tener lo necesario para montar un pequeño negocio inicial, con el que empezar a ganar dinero. Será tu propósito y tu secreto mejor guardado. No admitirás que nadie te impida realizar tus sueños. No des información a nadie de tus ideas (pero lo que se dice, a nadie). Puedes ser pobre porque no tienes recursos, pero no idiota, ni falto de ese espíritu guerrero del emprendedor inteligente y audaz. Interiormente, y sin que te descubran, rebélate contra todo lo que no sea normal, levanta tu espíritu hasta lo más alto, sin cambiar de apariencia ni de comportamiento hacia los demás, y serás más grande que cualquiera de los que te rodean. Es una cuestión mental.

EL AHORRO Y EL ORGULLO. 98

Ahorrarás sin hacer división de tus ingresos. No actuarás como los que nunca llegan a ningún lugar haciendo divisiones de sus ingresos, como esta cantidad para esto, esta para aquello y el resto para gastar. Lo que deberás hacer es: "gastar lo básico y necesario, y el resto para guardar". Los ahorros los puedes tener en una cuenta a plazo fijo, que te vaya dando un buen interés, siempre que sea en un banco conocido nacional, y que no lo inviertas en esas chapuzas de inversión, que te prometen mucho y al final tienes pérdidas. No te importe empezar con poco, ya crecerás. Que nadie conozca tus proyectos. Si dices a tus amigos o familiares que tienes dinero ahorrado te pedirán prestado y no te lo devolverán. Si dices a tus compañeros de trabajo que estás ahorrando para tener algún día un negocio propio, te odiarán. Descubrirán que te quieres escapar del grupo, y que no quieres seguir siendo otra oveja más del rebaño del que forman parte.

Ah, cuando te hagan un regalo, no contestes con otro, el tuyo que sea una tarjeta de felicitación de las más económicas, así romperás la cadena de los regalos. Yo he dicho alguna vez que el orgullo es un freno a la prosperidad. Maldito orgullo, que cada día nos hace más pobres. El orgullo es un cáncer que nos ahoga, al que hemos de extirpar para poder progresar. A veces, por orgullo no hacemos trabajos que nos parecen inferiores, y esa actitud nos puede llevar a vivir con el estómago vacío. El orgullo puede ser un freno a la prosperidad, deséchalo y mándalo a los infiernos.

PUNTOS DE MIRA A TENER EN CUENTA. 99

Cuando mires a los demás ciudadanos piensa que son un poco más bajitos que tú, y no los veas como gigantes por importantes que sean, así comenzarás a perder los posibles complejos perjudiciales. Habrá personas más guapas, con más dinero y más cultura que tú, pero tú eres único y diferente, y esa es tu ventaja, que no eres igual que los demás. El pensamiento gobierna el mundo y hacen prósperas a las personas, a las profesiones, y a los negocios. Acostúmbrate a pensar que no hay barreras tan altas que no las puedas saltar. Habla con los demás ciudadanos con respeto y sin temor, y siempre dispuesto a decir cuánto lo siento o pedir una disculpa. Tienes que intentar desarmar a tu prójimo con educación y buenos modales. Nunca demuestres complejos de inferioridad ni de superioridad, esto podría perjudicarte. Con insistencia y afán de superación, llegarás hasta donde te propongas.

La vida de la sociedad y de los negocios es como un juego, es cuestión de que aprendas cuanto antes. "La falsa o real comedia" en la que se desarrollan los negocios, todo está relacionado con ganar dinero. Eso no evitará, que nuestro comportamiento honradez y seriedad sean intachables en todo momento. A pesar de la humildad, nunca estará de más, si tienes la ocasión, aprender artes marciales. A mí me fue bien para marcar mi territorio, y forjar un carácter.

SOBRE EMPLEADOS Y SU RENDIMIENTO. 100

La teoría es que cada empleado que haya en la empresa deberá dejar un beneficio para esta. Si un dependiente de comercio vende en un día XXX, los costos del producto pueden ser una X, el salario y la proporción de gastos generales otra X, y el beneficio bruto, la X restante. Si tenemos cuatro empleados a los que el trabajo no les falta, el beneficio será el de cuatro dependientes o sea XXXX, ya que los gastos generales habrán sido amortizados entre todos por las ventas que haya hecho cada uno. Está claro que una sola persona, trabajando como autónomo, no tiene tiempo físico de producir lo suficiente para tener tales ganancias. Esa es la diferencia de trabajar solo o con empleados.

Bueno, cuando hablo de tener empleados en nuestra empresa me refiero a que se tendrán los justos o uno menos de los necesarios, para no tener tiempo sin trabajo. Cuando oigas decir que determinadas personas lo pasan bien y no trabajan mucho en su empresa, o son empleados del gobierno, o esa empresa tiene en el aire su futuro.

SORPRENDENTE LABORIOSIDAD. 101

Sorprende ver algunas poblaciones o barriadas en la región valenciana, y en particular pueblos como Elche, Elda, y otros muchos de la provincia de Alicante, que es la que mejor conozco, donde hay grandes y pequeñas industrias pero lo que más impacta a cualquier emprendedor es la diversidad de pequeñas y medianas industrias y talleres. Es apasionante ir recorriendo calles, en las que no ves otra cosa que locales donde fabrican de todo tipo de artículos, como calzados, bolsos, un almacén de pieles, otros de plásticos, de herrajes para bolsos y zapatos, fábricas de juguetes, de complementos, patronitas de bolsos y zapatos, modelistas, talleres de troquelado, almacenes mayorista de calzado y marroquinería, fábricas de cajas de cartón para calzado y otros productos, de muebles, seguiríamos enumerando y recordando y serían infinidad las empresas de todos tipo y tamaño. Ver esto para un emprendedor es reconfortante, y no tienes más remedio que explotar por dentro, pensando: "qué maravilla, qué grande es este pueblo". En aquella época estuve relacionado con el calzado, y la marroquinería.

Dicen que hay mucho trabajo sumergido pero es encantador ver una familia en sus días de asueto, viendo la televisión de pasada, mientras montan y cosen bolsos o zapatos en sus casas, vestidos y otros. Saben que su tiempo es oro. En esas familias todos trabajan, discuten lo justo, y solo piensan en ser útiles trabajando. Todos a una, su economía siempre es próspera. Hay personas mayores o jubilados que participan en esos trabajos en familia y en lo que pueden. Su prosperidad y su eficacia son admirables. ¡Una sociedad próspera se hace trabajando, y no gritando o cantando a sol, detrás de símbolos!, creyendo en sueños o utopías que nunca verás realizadas.

MARCAS REGISTRADAS. 102

Todos lo productos comerciales y por lo general, en general tienen su marca. Registrar una marca es muy simple. Si quieres registrar una marca de un producto o un artículo una vez estudiado, consulta con una casa de patentes y marcas que existen en cualquier ciudad, y ellos te informarán, averiguarán si esa marca está registrada y si no lo está lo hacen a tu nombre por determinados años. Se puede registran la marca, el envase y la fórmula del producto. Ninguna de la tres que hemos dicho se debe de copiar. Aunque si modificar en cierto modo.

El registro de un producto evita que puedan surgir copias ilegales. Cualquier producto que se fabrique ha de ser diferente de los que hay en el mercado, ya que si se copia una marca registrada, se está cometiendo un delito, salvo que tales productos no estén registrados. Cualquier producto que se quiera crear ha de ser diferente de los demás, tanto en el envase, en la marca como en la fórmula de su contenido. Todo esto es muy complejo, ya que hay ropa de marca que en realidad puede ser parecida, y solo cambia el sello registrado del fabricante. Un producto y su contenido pueden ser similares y, sin ser iguales a otros, pueden servir para la misma finalidad. Existe una importante cantidad de ciudadanos adictos a determinadas marcas. Estas costaron mucho dinero hacerlas populares con la publicidad... La publicidad es tan incisiva y extrema que cuando algunas personas despiertan por la mañana con sed, no piensa en agua, piensan en un refresco por el nombre de la marca. Fue la publicidad, la que hizo bien su trabajo, deberás tenerlo en cuenta cuando te toque hacerla. La publicidad es tan importante como cualquier otro paso del negocio. Como habrás podido notar, a algunos productos se les llama por su nombre de marca.

Cuando un niño quiere un bollo, no pide un bollo, pide la pasta por el nombre que la publicidad se ha encargado de popularizar. Con una buena publicidad un producto de bajo coste bien elaborado se puede vender más caro que otro "normal" sin publicidad. Un producto fabricado en serie, que puede ser igual que cualquier otro, y se podrá vender a más bajo precio, al haber reducido los costes de la producción, por el volumen. Esto se puede aplicar a la fabricación de cualquier producto.

TUS SUEÑOS MARCARÁN TU CAMINO. 103

Si has concebido una idea, ten paciencia y estúdiala bien, ya encontrarás la forma de hacerla realidad. Según vayas leyendo, irás comprendiendo lo fácil que es llevar adelante un negocio. Paso a paso, te iré poniendo ejemplos y fórmulas de trabajo para que en tus comienzos encuentre las menores dificultades. Después de que leas mis relatos, serás tú el que se ponga la meta de hasta dónde quieres llegar. Amigo lector, elige tus amistades, y no te dejes contagiar por los enemigos del trabajo, ellos no tienen sueños y nunca podrán comprender la satisfacción que recibe el emprendedor cuando consigue que un modesto negocio salga triunfante de su aventura.

Las personas que no sueñan están muertas, son seres opacos, sin rumbo y sin objetivos. Está demostrado que todos tenemos que trabajar o hacer algo útil para poder cubrir nuestras necesidades, porque de algo hemos de vivir, tanto sea como empleado que como empresario.

Mi postura es que es preferible ser cabeza de ratón que cola de león. Como empleado, o cola de león, puedes tener futuro en las empresas de otros mientras a estas le convenga, si no estas capacitado para llegar hasta la cúspide. Como cabeza de ratón, el futuro será el de tu propia empresa, crecerás para ti y tendrás libertad para marcar tus propios objetivos. Tus sueños podrán llegar a ser realidades y tu futuro en la vejez será distinto. Entonces no tendrás ni el vigor ni la buena salud que tiene la juventud, pero si has sido inteligente, habrás hecho reservas que te garanticen no tener que acudir a nadie para poder disfrutar de un bienestar.

(PARCELAR TERRENOS, PARA HUERTOS FAMILIARES) 104

Para que un negocio se realice con la mayor eficacia es necesario estudiar los mínimos detalles antes de comenzarlos. Continuamos con un ejemplo que te puede servir como práctica de estudio, o como experiencia de negocio: compras un terreno agrícola para su posterior venta. Que tenga buen acceso y buenas comunicaciones, que esté a pocos kilómetros de la ciudad. Sería bueno tener cerca una parada de autobús. Todo incrementa su valor y ayuda su venta. Si hay posibilidad de luz y la puedes instalar, más caro venderás. Aunque no es necesaria por obligación la luz en este proyecto. Este terreno lo puedes vender para varios, como huertos familiares. Según las reglas de juego de los gobiernos de turno, en algunos lugares no se pueden fraccionar terrenos agrícolas. Si un terreno se lo vendes en un mismo acto notarial, y a varias personas sin hacer divisiones físicas del mismo, estarás dentro de la ley. Nuestros consejos siempre estarán dentro de la legalidad, con la salvedad de reconsultar por tu parte a un abogado especialista en el tema.

EJEMPLO DE REPLANTEO. 105

Hemos comprado un terreno de 3.500 m2, más o menos, y lo queremos acondicionar para cuatro huertos en una misma propiedad. Lo primero que haremos será pedir permiso al ayuntamiento del municipio para vallarlo. Una construcción económica y práctica de la valla puede ser en tela metálica de dos metros de altura, sujeta con pilares de tubo de hierro, clavados en el suelo y sujetos con hormigón. Un tubo cada cuatro metros aproximadamente. Colocando una puerta de entrada única, y nunca inferior a 4 metros de achura, para paso de vehículos. Un camino de gravilla desde la puerta hasta el fondo del terreno, y de la misma anchura de la puerta. Así quedará el terreno dividido en dos partes –aproximadamente iguales-. Para hacer estos vallados hay poco que aprender, y

cualquiera bien curtido en el trabajo lo puede hacer. También hay empresas especializadas que lo hacen todo.
Después será fácil dividir cada mitad en dos, las marcas de separación pueden ser el equivale a un mojón o marca, y no como división física, ya que la división sería ilegal. Que bien puede ser una piedra enterrada una parte de la misma y un poco de mortero. Si esta finca dispone de riego natural, este lo encauzaremos con tuberías o como convenga por el mismo camino de gravilla, para que se puedan abastecer de agua a cada una de las partes, sin necesidad de que pase el riego por el interior de la finca. Hemos de pensar en la independencia de cada participante, y colaborar con todas nuestras fuerzas para evitar discusiones posteriores. El posible riego nunca suele estar regulado el día y la hora al gusto de todos, a no ser que sea un riego continuo que se pueda tomar agua en cualquier momento.

SOLUCIÓN DE RIEGO DEFINITIVA. 106

Si no hay agua de riego, sería un buen motivo para comprar ese terreno a buen precio. Antes de comprar, nos informaremos si en las cercanías hay pozos artesanos, y a qué profundidades sale el agua. Las empresas perforadoras cobran a tanto por metro lineal de perforación. En este precio está incluido un tubo de acero de 0,30 cm. de diámetro, que lo van introduciendo al mismo tiempo que perforan, y lo van soldando uno con otro, consiguiendo que, al llegar al fondo, el tubo quede en una pieza.
Es muy importante que el pozo se haga más hondo de donde aparece el agua. Ejemplo: si el agua aparece a treinta metros, la perforación debe hacerse a cuarenta metros. Los primeros diez metros de tubo que se introducen habrán de llevar bastantes pequeños orificios, por donde mane el agua al interior del tubo una vez metido hasta el fondo, porque de lo contrario, si no llevara esos agujeros, no saldría agua. La perforación del pozo se hará en un lateral del camino de gravilla, y en el centro de este, para que no lo pisen los vehículos, y esté más cerca para todos. Se pondrá una bomba eléctrica sumergida. Esta irá en el fondo del pozo, a unos cuatro o cinco metros de profundidad desde el fondo del pozo, según el replanteo que hemos hecho de cuarenta metros, y según la opinión del técnico

que la instala. Si no se dispone de electricidad, deberemos tener un generador eléctrico, movido por gasolina.

El técnico que te instala la bomba, dirá la fuerza o caballaje necesarios que han de tener tanto la bomba como el generador, ya que la potencia de la bomba y la del generador, han de guardar su relación con la profundidad del pozo. Es una forma de asegurarnos para evitar errores, si comprando sin saber con seguridad lo necesario. En la salida de la tubería que sube desde el fondo del pozo a la superficie, se hará una especie de cajón a nivel de tierra, que puede ser de obra y cubierto por una tapa metálica con llave. Dentro de esta caja habrá cuatro salidas con cuatro llaves de paso, una para cada una de las partes, y que cada parte pueda abrir o cerrar cuando le convenga.

Todo cuanto digo es un trabajo normal de cualquier técnico. Como garantía del trabajo de hacer el pozo, solo hay una cierta, que estés presente en todos los trabajos de perforación, no vale que pongas a otro persona a verificar el trabajo, lo has de ver con tus propios ojos, personalmente. El emprendedor activo verificará todo. Los metros de profundidad que se perforan hasta que aparece el agua. Después de aparecer el agua, los metros de tubo perforados que irán al fondo, que serán la garantía de que salga agua. Si no hay agujeros no saldrá el agua. El mejor resultado, como te he dicho antes, es que los veas tú con tus propios ojos. La bomba irá en el fondo del pozo, y el enchufe en la superficie de esta, quedará dispuesto para que cada una de las partes, conecte su generador de electricidad.

LA VENTA DEL PRODUCTO. 107

Por medio del periódico pones que vendes un huerto. Al enseñarlo, se pone el generador en marcha para una demostración de la extracción del agua, acto que deslumbrará al futuro comprador y ayudará su venta. Antes, comprobarás que su funcionamiento es perfecto. Este acto de ver salir el agua es el acto psicológico y más importante para la venta. Puedes buscar quien compra un huerto, y después otro, hasta que haya cuatro compradores. Tu argumento es que quieres vender todo el terreno al mismo tiempo. Se tendrán que esperar a que halles cuatro compradores. También pueden vender una parte ante notario igualmente, y las otras dejártelas para más adelante. Puedes encontrar un grupo de dos, tres, o cuatro que lo quieran comprar todo.

El generador se lo puedes vender, (precio aparte), a uno como condición de la venta, o quedártelo si sigues con el mismo tema en otro lugar. Aparte del vallado, no edifiques nada, y menos sin autorización. Que cada uno se haga lo que quiera, o lo que le autorice el ayuntamiento, después de que lo hayas vendido y cobrado en el acto ante notario. En la escritura de venta, haces constar que no hay ninguna clase de edificación. Por si alguno construyera algo, lo denunciaran, y dijera que ya estaba cuando lo compró.

El generador lo llevas y lo traes, al no ser que la finca tenga algo edificado donde lo puedas guardar. La casa o caseta que pudiera haber hecha antes de comprar, la haces constar en la escritura de compra, para evitar males posteriores. Esta edificación tiene un precio, aparte del terreno. La adjudicación de las partes indivisas a cada comprador pueden ser de una mitad, de una cuarta parte, o de tres cuartas partes, depende de lo que cada uno quiera comprar. Si lo compra uno solo, mejor. La venta del total se realizará como una venta única, y que deciden comprar ellos mismos, como partes proporcionales indivisas, y cada uno su parte. En la notaría, solo harán una escritura original, y a cada uno recibirá una copia. Para asegurarte de este tema, puedes plantearlo como pregunta en la notaría que pienses hacer la escritura, incluso antes de que compres el terreno. Visita una notaría, y que tienes un terreno y te lo quieren comprar entre varias personas. En este caso, no necesitas ningún gestor ni abogado. No expliques nada a ningún extraño, a nadie le interesan tus asuntos. El notario se encarga de hacer la escritura, y no es necesario que hagas ningún contrato por escrito con los compradores. Llegas a un acuerdo del precio con estos, o le puedes tomar una señal de dinero como compromiso de compra y el pago total, que se haga en efectivo a la firma. Según la ley, cualquiera puede vender su propiedad a varias personas en un mismo acto y sin dividir, aunque los compradores se la dividan por parte indivisas al comprar.

Que nadie te cambie nada de lo argumentado si quieres que todo salga bien. Estas operaciones se pueden hacer al mismo tiempo que desarrollas cualquier otra actividad. Incluso trabajando como empleado. El precio pagado por la compra, y todos los gastos que se ocasionen serán el precio de costo. Todos los gastos ocasionados por la venta van a cargo del comprador. Es una clara demostración de que nunca es tarde para emprender alguna actividad inteligente. Otro: no entregues terreno o cualquier otra propiedad con una señal a cuenta. Una vez vendí un apartamento en la playa, me entregaron un dinero como señal para hacer efectivo el resto ante notario en pocos días.

Me dijeron, como queremos hacer una pequeña modificación en no sé qué cosa, déjenos las llaves. Se las dejé. Pusieron unas cortinas sobre un aplique eléctrico de pared, y mientras se fuero a comer al restaurante se prendió fuego todo el apartamento. ¿Qué hice? Me quedé con las cien mil pesetas que me entregaron a cuenta, y no los volví a ver. Un desastre por confiar en el prójimo. Las explicaciones anteriores han sido una demostración de que hay que estudiar hasta el mínimo detalle de cualquier idea para que el proyecto se corone con éxito. Ah, no digas a lo vecinos del entorno lo que harás con el terreno. Cuando vendas ya se enterarán. Si no declaras todo el dinero que cobras de la venta, puede que alguno de los vecinos colindantes quiera ese terreno al precio que has declarado, podría reclamarlo y pagar lo que dice la escritura.

Alerta con este tema, que nada es peligroso si todo se hace bien antes de hacerlo. Habrás visto cómo remarco que hay que estar presente viendo los trabajos más importantes. ¿Sabes lo que ocurriría si la parte del tubo que va en el fondo del pozo, no llevara los agujeros? No saldría agua, y habría que hacer otro pozo y tubo nuevo, un desastre. ¿Y si la bomba la ponen en el fondo del pozo tocando el suelo o muy cerca de él? A los pocos días no saldría agua, la bomba se habría obstruido por lo residuos de arena que se desprenden en las primeras aspiraciones, y que se posan cerca de ella hasta obstruirla. Los descuidos se pagan y prevenir es curar antes de que ocurra. Este ha sido un ejemplo de negocio de inteligencia, en el que el trabajo físico de instalación del vallado, perforación, e instalación de la bomba ha quedado para otros emprendedores autónomos. Podrás comprender que aunque esto no lo realices, te pueda servir de ejercicio el haberlo leído. En todo tipo de negocio se ha de estudiar hasta el mínimo detalle para no fracasar.

TU CEREBRO Y TU PODER MENTAL. 108

Tu cerebro lo debes esculpir un poco cada día, recogiendo información de todo tipo, en cualquier momento y de cualquier actividad. Te habituarás a recolectar todos los datos que puedas, ya que te serán muy útiles a lo largo de tu vida como emprendedor. Lo que te llevará a tener tal capacidad mental que tu cabeza se convertirá en tu verdadero ayudante de campo y tu colaborador más eficaz. A un ordenador hay que introducirle información para que nos proporcione repuestas, lo mismo has de hacer con tu cerebro. Si no has sido un buen estudiante, ahora no tienes a tus padres exigiéndote que estudies, serás tú el que estudiarás con más interés por tu propio bien. Lee y estudia todo cuanto puedas, el emprendedor necesita estar aprendiendo siempre, ya que nunca sabe lo que necesitará. Con voluntad, tu mente dominará en todas tus actuaciones, y tu cuerpo se convertirá en su esclavo. En adelante tu cerebro será el que te saque de cualquier situación difícil. Si eres consciente de que tu cuerpo es un instrumento al servicio de tu inteligencia, este no se lamentará, por muchas horas que dediques al trabajo, entonces, descubrirás con facilidad el camino del éxito en cuantos negocios emprendas.

EJERCITANDO LA MEMORIA. 109

Cuando pienses en algún tipo de negocio y hayas estudiado todo cuanto le rodea, las ideas para desarrollarlo te manarán a borbotones. Tu cerebro se convertirá en tu más eficaz colaborador. El poder mental sobre tu cuerpo anula los dolores físicos, porque tú así lo quieres. Tu cerebro actuará como el capitán de tu empresa y tu cuerpo no tendrá tiempo de ponerse enfermo. De lo contrario, serías otro muerto viviente más, que vivirías como un autómata, haciendo el trabajo que te mandan y estando más cerca de contraer enfermedades. La más desastrosa sería la pérdida de tu propio estímulo por las cosas. El entusiasmo y nuestro estímulo por todo irán creciendo y contagiando a cuantos nos rodeen. Si nuestro cerebro no se ejercita, se va apagando. Y no digamos si tomas drogas, con estas se irán borrando los conocimientos que tienes almacenados en tu cerebro, y cuando quieras echar manos de ellos, no podrán venir en tu ayuda.

EL TRIUNFADOR SE HACE. 110

El nivel cultural y los diversos conocimientos tienen mucho que ver con el éxito en los negocios, pero no siempre se ha de ser un erudito para conseguir grandes victorias empresariales. Si conoces el mundo que te rodea, así como los productos y necesidades de la sociedad, si has captado el consumismo desenfrenado de esta época, y la ansiedad de los consumidores por descubrir nuevos productos para consumir. Si eres observador y lo que miras lo ves con los ojos de tu mente y no solo con los de tu cara. Si eres capaz de ver o imaginarte el dorso de cualquier cosa sin antes darle la vuelta Si haces una pregunta y antes de que te contesten casi sabes la respuesta. Si cuando tienes un tiempo perdido lo dedicas a pensar o leer lo que tengas a mano, sea de lo que sea, aunque no sea tu lectura preferida, ya vas estando preparado para emprender ese camino que te conducirá al éxito.

ORGANIZADORES Y VENDEDORES. 111

No olvidemos ni un solo momento que las personas más importantes de cualquier empresa son los organizadores y vendedores de la misma. Un producto lo puede fabricar cualquier persona un poco despierta, pero organizar las ventas de una fabricación en serie es otra cosa muy diferente. Si piensas en un producto que has visto en el mercado y que lo podrías fabricar, en lo primero que deberías pensar es; en quién lo podría vender. Hay muy buenos vendedores "comerciales" de cualquier producto y si lo encontramos estamos en el buen camino. . Cuando se fabrica determinada cantidad de un producto se deberá hacer en serie –porque de otra forma no sería negocio. Habrá de haber un individuo dedicado a vender y recorrer cuantas ciudades sean necesarias para que la fabricación no se detenga No existen buenos vendedores de un producto que no sean capaces de vender cualquier otro. Si tienes un negocio, comercio o industria, la persona que hace las compras ha de conseguir buenos precios para que esos artículos que comercializas se vendan más baratos que los de la competencia.

LOS NEGOCIOS Y EL PERSONAL ASALARIADO. 112

En los negocios, el empresario se juega su dinero y su futuro, y no se pueden tomar empleados, mientras no demuestren su capacidad en el trabajo a desempeñar. Cuando te haga falta personal sin un oficio determinado, ya encontrarás la forma de escoger a los mejores. Los dueños de la empresa son los que "ponen el huevo" y los que se han de preocupar de que no salga hueco. ¿Cómo? Eligiendo a los mejores, poniéndolos a prueba, y viendo si dan la talla y con el resultado decidir. Tú no eres el Estado, que contrata personal para toda la vida y cuya valía está por descubrir. Eres un empresario libre que buscas mejorar tu economía, y la de los participantes de tu equipo que te acompañen en tus objetivos.

PRIMA DE PRODUCTIVIDAD. 113

Los éxitos de cualquier empresa se consiguen, además de con los sueldos justos, agregando a estos sueldos una prima de comisiones o porcentajes en la productividad. Con este plus muchos de los colaboradores o empleados consiguen doblar el sueldo. Es un buen sistema para conseguir las metas de cualquier emprendedor inteligente. Aun así hay quien no se integra, alegando que con su sueldo tienen suficiente, esas personas no son las que te ayudarán a conseguir tus objetivos.

En los negocios pasa como en las familias, hay hijos que aprueban los estudios porque son estudiosos, y otros aprueban con el chantaje que les hacen los padres "haciéndoles algún regalo" que les obliga a estudiar. Al empresario le conviene hacerse de algún aliado dentro del grupo de los empleados, que sea un buen trabajador de probada honradez, y no sea, "el pelota de turno", que siempre te da la razón y a tus espaldas hace todo lo contrario.

Con los incentivos hay que ser prudente, si damos una cantidad sin justificación y sin contarla como porcentaje, el que la recibe adquiere un derecho difícil de quitar si se hace continuada por un tiempo. El mejor método es, que todo cuanto se pague aparte del sueldo, ya sea al encargado o al aprendiz, esté justificado por el aumento de la producción o las ventas.

CONOCER LO QUE HACEN LOS OTROS 114

Aprender de la vida real, es tu asignatura pendiente. Antes lo hiciste en el colegio o en la escuela superior, ahora has de memorizar todo cuanto pase por delante de tus ojos. Tu cerebro siempre estará a la espera de que le introduzcas nuevas informaciones.

Asiste a cursillos y, si ya tienes pensado el negocio que quieres poner y lo desconoces, ofrécete como trabajador en una empresa de ese tipo. Lo que importa es entrar en ella y conocer de primera mano cómo se manejan. Todo lo que aprendas te servirá para crear tu propio negocio. Comenzar tu negocio con alguna experiencia es importante para el buen desarrollo del mismo. Nunca digas nada de tus objetivos, ni al mejor amigo ni a los compañeros de trabajo dentro de la empresa. Si les dices que quieres aprender para poner tu negocio, los jefes se enterarán, y correrás el riesgo de que te despidan. Tú vas a entrar como trabajador, procurando ser el mejor, y espiar todo lo que puedas.

El futuro emprendedor, que es trabajador de una empresa, no pierde la oportunidad de coger datos o direcciones de proveedores de todos los productos que utiliza esta, nunca sabe a qué negocio se dedicará, y no deberá dejar pasar la oportunidad de hacer un buen acopio de información. Inteligencia, amigo mío, que no serás el primero que lo ha hecho. Otros lo hicieron antes, y así será siempre. Con este aprendizaje estarás alerta cuando seas emprendedor de cuidar tus secretos.

TRABAJANDO EN EQUIPO.   115

Cuando un autónomo toma un empleado es por que tiene más trabajo y lo necesita. En la empresa tiene que haber trabajo hasta para el jefe. No vale tener empleados tocándose los pantalones ni jefes dando mal ejemplo porque, si fuera así, el negocio se iría a la ruina. Un autónomo que trabaja solo no tendrá suficientes ingresos para hacer un capital. Se necesitan manos que fabriquen y vendedores o comerciales que vendan la producción, y eso se consigue con el trabajo en equipo. Para crear demanda de productos o servicios, hay que poner la imaginación para fomentar las ventas con las que crear trabajo.

El dirigente de una empresa a su tiempo le saca buena rentabilidad creando trabajo para sus empleados. Inventa fórmulas de trabajo para que los artículos se fabriquen en menos tiempo y a más bajo costo para ser más competitivos. Todo esto se consigue formando un buen equipo de trabajo. En las empresas tiene que haber trabajo de sobra, para que no se produzcan espacios muertos, es por eso que se inventó el trabajo en serie.

En la fabricación de cualquier artículo, cada empleado hace una parte distinta del producto, hasta que llega a su terminación y empaquetado. No importa que el taller sea pequeño, si la producción no se programa en serie no da resultado ni se obtendrán beneficios. Si no quieres correr riesgos en lo referente al personal empleado, ajústate en todo a la ley laboral, desde el primer día, y antes de comenzar a trabajar, da de alta al empleado para la prueba. Intenta observarlos sin que tú seas visto. Las empresas de determinado volumen, funcionan mejor si se delegan responsabilidades escalonadas por departamentos.

LA IMPORTANCIA DE LOS GASTOS GENERALES. 116

Los sueldos de las personas participantes en el negocio, y todo tipo de gastos que se originan por cualquier motivo que sirvan para el objetivo de la empresa, son los gastos fijos generales como el alquiler, seguros, sueldos, publicidad, luz, teléfono, agua, materiales de oficina, artículos de limpieza, material de envoltorio de los artículos de transporte, impuestos municipales, reparaciones, préstamos e intereses, compra de herramienta, gastos de gestoría o contabilidad, etcétera, etcétera, etcétera. Es necesario prevenir, y sumar todos los gastos generales de un año de manera aproximada al iniciar el negocio. Los gastos aproximados de un año, los divides entre los días de trabajo, y sabrás lo que te cuesta cada día. Esta valoración no es posible hacerla con exactitud. Si los gastos generales aproximados diarios son de 100, calculando que se trabaja con el beneficio del 35% sobre la venta, la recaudación que se debería hacer para cubrir gastos sería la de 300. La verdad es, que al principio y en las primeras semanas, tal vez no se cubran gastos

GASTOS GENERALES DE UN AÑO. 117

Hablemos en supuestos. Los empleados o empleadas a sueldo son tres, más la participación del jefe de la empresa que trabaja y se cuenta un sueldo, en total, son cuatro personas a contar. El sueldo de las cuatro personas que participan en un negocio y los gastos generales de todo un año se suman, y el resultado será el costo del negocio. Si estos los dividimos en 12 meses, sabremos los gastos de un mes, los dividimos en 23 días de trabajo de un mes, sabremos lo que nos cuesta el negocio cada día de funcionamiento.

DESPIDO POR REDUCCIÓN DE PLANTILLA. 118

Hace bastantes años, un buen amigo trabajaba en una empresa de automóviles. Su trabajo consistía en el montaje de los asientos, controlar que estuvieran en perfecto estado, y colocar las fundas de plástico desechables que se necesitaran. Su responsabilidad completa era que al salir de fábrica estuvieran en perfecto estado los asientos originales. Después de todos lo trabajos de revisiones y puesta a punto de los vehículos, y dispuestos para su transporte, los cubrían con nuevas fundas de plástico transparente, con las que se entregaban los coches terminados. Cuando mi amigo estaba trabajando en la referida empresa tuvo la idea de que no estaría nada mal incluir en los vehículos unas fundas de asientos como repuesto. Puso la idea en el buzón de sugerencias de la empresa, lo llamaron y lo felicitaron, y ahí quedó todo. Tiempo después, lo despidieron por reducción de plantilla. Se encontró con que no tenía nada en qué trabajar. Pensando en cómo hacer algo, vio que su coche tenía los asientos muy deteriorados con alguna rotura; no se lo pensó mucho, hizo unos patrones en papel para unas fundas de asiento para este. Luego compró un retal de tela de tapicería a buen precio, cortó la tela según las plantillas, su esposa las cosió a máquina y le quedaron perfectas.

Algunos amigos le encargaron que les hiciera una para su coche. Me dijo: "Con las fundas que me van encargando, me estoy sacando el sueldo". Le hice comprender la oportunidad que tenía de emprender su propio negocio, le di varias ideas que puso en marcha. Buscó un representante de telas de tapicería, le compró algunos metros a buen precio, para hacer varios modelos de muestra de diferentes vehículos, y se aseguró de que se podrían repetir las compras de las mismas telas y al mismo precio. Con varias muestras de fundas, las ofreció por tiendas de repuestos del automóvil.

Le recomendé: "Debes poner tu marca, para darle personalidad al producto, y presentarlas en fundas transparentes. Aunque no estés dado de alta, no importa, ya lo harás si te va bien". Finalizó como una empresa más, hoy son sus hijos los que llevan un negocio de fundas para automóvil. Exportan fundas para de diversos modelos del automóvil a varios países, además de suministrar asientos y fundas a una fábrica de automóviles. Me dijo más una vez: "Bendita sea la hora en la que me despidieron de la empresa". Esas palabras dicen mucho. No es necesario hacer lo que hagan otros, las empresas de éxito las desarrollamos con nuestras propias ideas.

LAS METAS SE LAS PONE UNO MISMO. 119

Nadie te dirá el camino que te conducirá al éxito, serás tu mismo el que creará e idealizará artículos y proyectos para crear buenos negocios. Cada persona es la conductora de su suerte y de su propio destino. Somos nosotros mismos los que iremos hacia donde nos propongamos. Todos hemos tenido sueños, y llevarlos a cabo ni es fácil ni difícil, solo se necesita tener el propósito y la voluntad de hacerlos realidad. Una vez iniciados, y trabajando con ganas, la suerte será nuestra aliada, y compañera inseparable. Apreciado lector, tu destino es cosa tuya, y todo dependerá del esfuerzo y sacrificio que le pongas a tus propósitos.

El resplandor o la popularidad de los grandes personajes de la historia no nos dejan ver los sacrificios que tuvieron que llevar a cabo hasta conseguir sus metas. Es frecuente oír decir: "¡Hay algunas personas que tienen suerte!". Decir eso sin conocer a esas personas es una tontería.

La suerte siempre será la consecuencia y el resultado de la entrega total de la persona al trabajo o al proyecto que realiza. i pones tu cuerpo al servicio de tu inteligencia, dominarás todos tus actos, y tu cerebro te llevará por los caminos de la suerte. Salvo que te toque la lotería, en eso no opino.

CAPÍTULO 4º   120

INFORMACIÓN DE LOCALES COMERCIALES. 121

No vale imaginar o hacer cálculos deductivos del valor de un local, del precio de un traspaso o el alquiler si no recibes información directa de los propietarios o los intermediarios. Si has pensado en poner un negocio, trabajar por tu cuenta y correr esa maravillosa aventura, deberías conocer la parte más comercial de la ciudad en la que te quieres instalar. Par instalar un negocio que sea rentable, no vale cualquier local. En la ciudad en la que te interese emprender un negocio al detall, deberás estudiar el sector comercial más adecuado. A veces te puedes encontrar con un cartel en algún local comercial en el que diga algo sobre se alquila o traspasa. Todo lo que investigues sobre ese sector será poco, hasta que lo conozcas bien. Cuando localices el local que te puede interesar, no lo dejes para mañana, telefonearás de inmediato para que te los enseñen. Posiblemente necesitarás ver varios locales, hasta encontrar el que reúna y tenga las condiciones que necesitas. No te enamores de un local muy bien instalado a buen precio si no es el sitio comercial acertado. Lo primordial de cualquier negocio para la venta al público ha de ser su inmejorable situación comercial. Deberás visitar agencias inmobiliarias, leer anuncios por palabras y otros del periódico más especializado de la ciudad.

NEGOCIACIÓN DE LOCALES COMERCIALES EN ALQUILER. 122

Deberás conocer a la persona que lo traspasa, lo alquila o lo vende. El actual inquilino solo puede traspasarlo con el permiso del propietario. No se hará nada sin estar presente el dueño del local, y solo el dueño puede autorizar el traspaso, alquilarlo o venderlo, intervenga o no la colaboración de un intermediario. Si fuera el inquilino el que traspasa, el propietario tiene que tener conocimiento del traspaso y de la cantidad de dinero que se paga, ya que a este le corresponde cobrar una comisión legal del importe del traspaso. El dinero del traspaso se pagará en el acto de la firma del contrato, y no antes. A veces es el propietario el que quiere un traspaso para que el alquiler sea más bajo. Otras veces, puede ser el futuro inquilino el que le puede hacer la oferta al propietario de alguna cantidad de dinero, para bajar el alquiler. Todo por lo que se pregunta forman parte de la información necesaria para hacer una contraoferta razonable. Cuando un local interesa, las contraofertas no se hacen en el acto, ya que se ha de sopesar, entre varias cuestiones importantes, y la duración de tiempo de alquiler como prioritaria.

CONTRATO POR DIEZ AÑOS. 123

Un amigo de mi hijo tenía un negocio de billares en un gran local, que funcionaba muy bien. Este emprendedor se había olvidado de que había firmado un contrato por diez años, y su sorpresa fue cuando el propietario le dijo tres meses antes de su finalización: "Le vence el contrato y debe desalojar el local para el día acordado". Vaya susto. En los negocios, diez años se pasan pronto. Cuando se firma un contrato por diez años, a partir de ese momento hay que pensar que vivimos de prestado y no desechar cualquier oportunidad de local que se pueda presentar en mejores condiciones, ya sea por compra a largo plazo, traspaso o alquiler indefinido, y siempre que el sector sea el que nos conviene.

ANOTACIÓN INDIVIDUALIZADA DE LOCALES. 124

Es frecuente ver un local y no anotar los informes que recibimos.
Después, cuando queremos hacer cálculos y lo comparamos con otros, no podremos hacer los cómputos convenientes del mismo, al no disponer de datos escritos. Error que no se debe de dar. Cuando vayas a ver locales, te irá bien hacer una especie de tabla en una libreta, para anotar respuestas a las preguntas que puedas hacer. En una libreta cuadriculada y suficiente amplia, encabezarás la página con la dirección del local, nombre de la persona que te lo enseña, si es el propietario o un intermediario y sus teléfonos y un breve comentario personal del sector. Llevarás anotadas en la parte izquierda de la página, las preguntas que harás, y a continuación de cada pregunta, espacio suficiente para anotar la respuesta. Cuado nos enseñan un local, deberemos anotar las respuestas, si no lo hacemos, después no recordaremos las respuestas. Mide la altura de

los locales desde el suelo hasta el techo, a veces se puede levantar un altillo. Anota precios de alquiler, actividades que se pueden o no desarrollar en ese local, duración del tiempo de contrato, metros cuadrados del mismo. Si hay ventilación normal por ventanales interiores, si hay ojo de patio o patinejo interior, si hay salida de humos y gases si lo necesitas, etcétera, y todo cuanto crees necesario preguntar.

Pide un plano del local. Si no lo tienen, dibuja un esquema del mismo a mano alzada al dorso de la nota de preguntas, para que el informe sea inseparable. La persona que te enseña el local, al ver que haces tantas preguntas y las anotas, te considerará como un posible cliente y te informarán de todo lo que les convenga. Cada pregunta que hagas, no te importe perder unos segundos pero anota la respuesta. Deja espacio al final de la hoja para anotar alguna otra pregunta improvista. Cuando hayas visto varios locales, al estudiarlos uno por uno, no te confundirás. Será bueno dedicar una hoja lo suficiente amplia de la libreta para cada informe. Las preguntas que harás las habrás estudiado y anotado con anterioridad. Hay preguntas que se hacen aparentemente sin importancia, pero para ti serán importantes. Ejemplo; si tiene salida de humos, si hay ventilación interior, y verlas, qué negocio no se puede poner, o si se puede instalar algo parecido a lo que pretendes sin especificarlo con exactitud, etcétera.

CUANDO ENCUENTRES EL LOCAL ACERTADO.
125

Si encuentras el local adecuado para tu idea, no demuestres alegría ante la persona que te lo enseña, te puede perjudicar en la negociación del contrato definitivo. Verán que estás entusiasmado con el local, y pensarán: "Si me habla de otras condiciones que no sean las que propongo, me resistiré". Si ese local te gusta, puedes insinuar -una vez que conozcas las condiciones económicas- que si las condiciones son mejorables tal vez llegues a un acuerdo. Casi nunca se admite lo que demanda el propietario, siempre hay alguna cosa que modificar en el contrato, a veces se puede aumentar el alquiler en determinadas condiciones, si el tiempo de duración del contrato se incrementa. El tema de la negociación no se debe de hacer hasta no haber estudiado todo lo referente al local y, como prioritario, el tiempo de duración de contrato y el buen sector comercial. Después de estudiado podremos exponer los argumentos que nos beneficien. Una de las cuestiones pudiera ser estar exento del pago de alquiler los dos o tres primeros meses mientras se hace la instalación. En el momento de la negociación, se pueden improvisar todo cuanto creamos conveniente. A la firma del contrato se ha de tener todo bien presente para hacerlo constar en el mismo.

Al hablar de condiciones nunca se deberán dar cifras definitivas de contraoferta hasta no haber estudiado todos los detalles con detenimiento, debiendo comentarlo con tu abogado. Este ha de conocer las modificaciones y ajustes que quieres hacer, tanto de precio, duración del tiempo de contrato, como de otros detalles que te convengan. Al querer modificar de palabra el contrato en tu propio beneficio, la emoción te puede traicionar.

La serenidad de un abogado, con sus conocimientos, y los datos que tú le aportes pueden ser lo suficientemente convincentes para que tu oferta se realice en tu favor, y logres firmar un contrato aceptable para ambas partes. Un abogado tiene más argumentos legales cuando se trata de ajustar las condiciones de un contrato. Tú puedes ser un genio para los negocios, pero en las negociaciones se te pueden escapar cosas importantes, que a un astuto abogado no se le pasan. Además, estarás tú, para que no se le pasen. Recuerdo un contrato que se hizo indefinido, mediante el pago de una cantidad importante de dinero al contado. Tuve que pedir un préstamo exclusivamente para eso, el negocio todavía existiría de no haberlo traspasado al final. El dinero es importante, pero será mucho más importante si le sabemos dar buen uso. El dinero se debe emplear como vehículo para llegar hasta donde quieras, además de ir a por más dinero.

LUGAR DE UBICACIÓN DEL LOCAL. 126

Todo es importante para que un negocio salga bien pero es definitivo para conseguir el éxito en un comercio de venta al por menor que el local esté situado en un buen punto comercial, para que desde el primer día de la apertura, comiencen las ventas como si hubiese estado instalado en ese lugar toda la vida.

El éxito de un comercio de nueva creación situado en un buen sector comercial radica en su sintonía con el resto de los comercios. Cuando los compradores asisten a estas zonas buscando determinados servicios o productos, no miran si un negocio es nuevo o antiguo si encuentran lo que buscan. Los buenos locales comerciales son más difíciles de encontrar y mucho más caros. No debes hipotecarte con algún préstamo para poner el negocio en un lugar de poco tráfico de personas y poco comercial, porque venderías poco y el pago del préstamo sería tu problema. Estos lugares que están muertos comercialmente pueden valer para negocios industriales. Para alquilar un local céntrico y comercial puede ser de necesidad pedir un préstamo si no se dispone de dinero . Con él ganarás dinero, y podrás pagar los préstamos. Por esto remarco que tanto la situación del local como su entorno han de ser prioritarias. En todos los casos los locales siempre son diferentes.

INTERMEDIARIOS EN LOCALES COMERCIALES. 127

Estos suelen ser buenos elementos de apoyo tanto para los propietarios como para los inquilinos. Los alquileres, traspasos o ventas, en manos de desaprensivos, pueden subir de precio para que aumente su comisión. La mayoría de los intermediarios son personas de fiar. Algunos menos formales intentarán endosar determinado local como pueden, si no es muy comercial. Si la propiedad delega en estas agencias, tú te fiarás de tu propia visión del lugar. Si encuentras un local que a primera vista no te convence, tal vez tengas razón en tus dudas, no te precipites si no es el lugar adecuado.

CONTRATO FACILITADO POR EL PROPIETARIO. 128

Los propietarios de locales no son partidarios de entregar una copia del contrato al primero que llega. El contrato ellos lo tienen estudiado, y hablan de palabra con el futuro inquilino todo lo relacionado con este. Después lo citan para firmar, y el inquilino podría caer en la trampa, al no tener previsto cuanto hay escrito en ese contrato. Así de rápido, mal asunto. Tu abogado es el primero que debe tener una copia de ese contrato. También deberás leerlo tú, y aportar tu opinión antes de ninguna negociación, ni entregar ningún dinero como señal hasta estar seguro de que es el que te interesa. Lo más acertado es poner de acuerdo a tu abogado con el del propietario. Cuando tu abogado tenga el contrato en sus manos, te reunirás con él personalmente para cambiar puntos de vista y modificar las cláusulas que no te beneficien, e incluir las ideas que tú expongas.

En un contrato que se va a firmar, las dos partes quieren tener ventajas, y lo más indicado para llegar a buen acuerdo es la negociación con la participación de nuestro asesor. Cuando digo tu abogado es porque de no tener uno fijo, al acudir a uno cualquiera, no te atenderá como a su cliente habitual, serás un cliente ocasional, redactará un contrato legal y ahí acaba su trabajo. En algún momento podrías ser tú el redactor del contrato, aunque otros lo pasen en limpio. Hacer razonar a las dos partes es cosa de los abogados, estas personas son las más idóneas para atar bien todos los puntos, si tu abogado está de tu parte. Cuanto comento sobre contratos no es completamente verdad, yo he redactado contratos que me los inventé a mi conveniencia y que, por enrevesados, mi abogado los rechazó y no quiso participar, pero se firmaron con mi redacción.

Las modificaciones a la baja en el alquiler, las posibles reformas que se necesiten efectuar, la actividad a la que te quiere dedicar, la duración de tiempo de contrato y muchas otras conveniencias, se han de hacer constar en el contrato antes de que este sea firmado. Después de firmado un contrato, no sería posible hacer ningún cambio, ya que el propietario no lo admitiría.

EJEMPLO DE CONTRAOFERTA DE CONTRATO. 129

Una vez tomé un local en arriendo, pedían como alquiler 80.000 pesetas mensuales. Antes de hacer ninguna clase de trato, pensé en cómo le podría bajar el alquiler (era un local céntrico y comercial), lo estudié detenidamente y le hice la oferta de que, si me lo bajaba a 50.000 pesetas al mes, le abonaría 1.000.000 de pesetas. Nos reunimos el dueño de la propiedad, el intermediario y yo y quedamos de acuerdo en un millón y medio. .El acuerdo fue que se lo abonaría al año y medio justo de la firma del contrato. Ese dinero aún tenía que ganarlo con el negocio. Se firmó y todo fue bien. ¿Qué ganancias obtenía? Que a los cincuenta meses había amortizado ese dinero que le pagué extra. Al pagar 30.000 pesetas menos en el alquiler, hacía un buen negocio. Es un ejemplo de negociación de contrato. El alquiler se quedó en 50.000 y no en 80.000; compré 30.000 pesetas mensuales, mientras durara el negocio, por el dinero que le aboné. Además, el contrato era por tiempo indefinido, ya que no se hablaba en el contrato del tiempo de duración. Después de algunos años, me vendieron el edificio para pagar en varias veces. Tomé buena nota de las grandes empresas, cuando compran. Parecido a las grandes empresas que cuando compran otra la compran con dinero del banco y el crédito lo pagan con las ganancias del nuevo negocio.

TRASPASO DE UN NEGOCIO CON TRAMPA. 130

Hay quien traspasa un negocio en pleno funcionamiento, unas veces es un buen negocio, y otras está amañado para quitarse de encima un mal negocio. Aquí es donde te puedes equivocar si no estudias bien el negocio del que se trate y el sector en el que esté ubicado. Sé de una persona que tenía una pequeña residencia con poca clientela, tal vez por su antigüedad y su mal estado de conservación no funcionaba bien y decidió su traspaso. Lo intentó varias veces sin conseguirlo. Esperó la mejor época de afluencia en el sector para llevar a cabo el traspaso. En unos días en los que el sector estaba de fiesta, con bastante afluencia de público en las inmediaciones, contrató a un intermediario por una cantidad de dinero acordada. Este intermediario preparó personas que acudirían a comer cuando se le avisara (gratis, por supuesto), en los días que enseñaban el negocio a un posible interesado. Tenía algunos clientes, pero no los suficientes. Se hizo la confirmación del traspaso con uno de ellos. Se redactó un documento, con el acuerdo por una cantidad de dinero como señal suficiente. Y a los pocos días se hizo el traspaso definitivo.
El propietario del negocio tenía previsto cerrar al día siguiente del traspaso, para pintar el establecimiento, y justificarse ante los acontecimientos. La explicación que le dio al adquirente fue que se lo entregaría pintada. Claro, al no tener suficientes clientes, algo tenía que hacer."¿Y la clientela?", preguntó el nuevo propietario. Le contestó: "Se han ido de vacaciones, ya volverán". Esto, aunque fue

muy parecido a lo que cuento, tómalo como simple anécdota, es un ejemplo de que hasta lo más inverosímil puede ocurrir. Hay un dicho que dice, no te fíes de las apariencias, quiere decir, que no te fíes de nadie.

¿PORQUE PUEDE INTERESAR UN NEGOCIO EN TRASPASO? 131

Porque venda mucho todo el año, que esté situado en un lugar de mucha afluencia de público, que sea adecuado para el buen desarrollo del negocio que se pretende, porque las instalaciones de maquinaria son las adecuadas, que el contrato de alquiler sea por un periodo de tiempo muy largo o indefinido, o por que fuera un buen negocio e interesa continuar con él. También puede suceder que se desees cambiar la actividad. Solo el propietario del local puede autorizar el cambio de actividad, debiendo hacerlo constar por escrito en el mismo contrato. En este último caso, y en todo en general, hay que entenderse con el propietario, a la vez que con el traspasador, ya que el dueño de la finca es el que ha de autorizar el cambio de actividad.

Al tratar con el propietario es más importante el contrato de tiempo indefinido que el de que pueda subir el alquiler a tu costa (aunque se salga de la legalidad). Habrá que informarse del estado de la finca, por si hubiera alguna modificación en el trazado de la ciudad por parte del municipio, o que el edificio estuviera en proyecto de remodelación, o demolición, o alguna otra cosa que perjudicara al futuro inquilino. Esta información la conseguirá con más veracidad un arquitecto técnico o tu abogado, ellos andan mejor por los vericuetos de los ayuntamientos, y al ser conocedores de las leyes exigen ser informados en los departamentos oficiales correspondientes. En el contrato se han de hacer constar, entre otras cosas, que el edificio, y en la parte que corresponde al local, no hay obras por realizar que afecten al local. Como puedes observar, todas las cláusulas de imprevistos que hagamos constar en el contrato nos pueden salvar de problemas futuros. Si el local que tomas no necesita ser reformado en ese momento, el propietario deberá autorizar a realizar las reformas que creas necesarias sin tocar la estructura del edificio, haciéndolo constar en el contrato, por si un día lo necesitas. (Sin poner fecha de ejecución, si es posible). Es necesaria la información de un arquitecto, como venimos diciendo.

Te recomiendo que tanto el contrato como en las cuestiones oficiales, los tramite un abogado que trabaje para ti, no el abogado de tu adversario, como puede ser el del dueño de la finca, o un simple intermediario, y ni siquiera el abogado de esa agencia deberá hacer el contrato definitivo. Tomarás una copia del contrato que te presentan, lo estudiarás, pero es tu abogado el que tiene que hacer los ajustes que ambos creáis necesarios. Modificarán o cambiarán lo que se crea necesario. De lo que se hace bien, no se arrepiente nadie. Ah, es importante que el día antes de la firma y con el resultado de su última redacción, que te reúnas con tu abogado, para leerlo y estar seguro de que todo lo que se ha venido hablando, esté puesto en el contrato. No te fíes de las palabras de ninguno de los dos, si no las ves escritas antes de firmar.

¿POR QUÉ NO PUEDE INTERESAR UN TRASPASO? 132

Porque el lugar en el que esté instalado el negocio no sea el adecuado para lo que tú pretendes, porque se pueda encontrar un local con facilidad y sin pagar ningún dinero de traspaso en el mismo sector; porque, aunque esté situado en buen lugar, haga falta hacer una gran inversión y no sea rentable, o que el local no sea lo suficientemente grande para el negocio que proyectas, y un sinfín de cosas que verás tú mismo. El local y el sitio son los temas más importes del comerciante, y se deben tomar con mucha precaución. Salvo que sea un negocio de fabricación, delegación o mayorista. Para estos negocios es menos importante estar en el centro comercial de la ciudad, con la ventaja del precio de compra o alquiler a la baja, y el mejor aparcamiento para vehículos.

SUPUESTO DE UN TRASPASO ACEPTABLE. 133

Si hemos tomado un negocio en traspaso para la continuación de la misma actividad, podrás seguir su ritmo, incluso mientras se hace el cambio y se ejecuta el trámite de documentos. Según de qué negocio se trate, sería bueno trabajar algunos días con el dueño, haciendo las veces de empleado, y observando todo cuanto ocurre en este. Esto dará lugar a que se pueda tomar el pulso de su funcionamiento, e ir descubriendo los fallos o anomalías que pudiera haber. Al principio, no es necesario decir que eres el dueño. Para los clientes serás un dependiente más, así los irás conociendo con su comportamiento habitual. Esto de silenciar el traspaso puede ser bueno en el sector de la hostelería. Al público mejórale el servicio la calidad y el precio, que es lo que a ellos le importa.

AUTORIZACIÓN EXPRESA DEL PROPIETARIO. 134

Cuando se toma un local para negocio, y queremos que todo salga bien, todo cuanto se hable de palabra se ha de escribir en el contrato, ya que, después de firmado, solo tendrá valor lo escrito y autorizado. Si al inicio del negocio no se necesita hacer reformas, no importa, mejor es no empezar gastando dinero; después de pasado un tiempo puede que necesites hacer alguna reforma en la que no habías pensado cuando te instalabas, aun así, debes de hacer costar en el contrato que el propietario autoriza a realizar las obras o reformas que el inquilino crea convenientes o necesarias, sin tocar la estructura del edificio, etcétera, sin fecha de ejecución. Si ponemos fecha para realizar la obra y se quiere hacer alguna reforma pasado un tiempo, esta autorización podría estar caducada, y un nuevo permiso traería como consecuencia, la subida del alquiler, o que no lo permita el propietario. De palabra nada de nada. Solo lo que se firma tiene valor. La habilidad de un abogado en la redacción de un contrato es vital en la trayectoria hacia nuestros objetivos.

PRESUPUESTO PARA REFORMAS. 135

Cuando se toma un local nuevo o en traspaso que necesita una reforma, así como cambio de alguna maquinaria deteriorada por el uso o por cualquier otro motivo, se planifica y calcula hasta el último detalle de lo que se quiere hacer. Tanto de albañilería como de cualquier otro gremio, la obra se ha de realizar en el plazo más breve posible. A lo largo del tiempo, algún negocio lo reformé dirigiéndolo yo mismo, por mis conocimientos de diferentes gremios. Las obras duraban más tiempo del necesario. Conclusión, si has de hacer una obra que te hagan un presupuesto, con precio y tiempo de duración acordado, y la penalización correspondiente, si no cumplen con la fecha de terminación prevista. De este tema, cualquier abogado sabe lo suficiente para redactar un contrato eficaz. Necesitas pedir dos o tres presupuestos de toda la obra completa, y contratar no al más económico sino al de más seriedad y solvencia, para que no te deje la obra a medias y sin terminar. Aunque sea algo más caro, tendrás menos problemas y a la larga te saldrá más económico. El contrato debe decir muchas cosas, como clase de materiales etcétera, y la fecha de iniciación y terminación. Además, debe incluir una cláusula indicando una penalización muy fuerte por cada día que se retrase en entregar la obra o reforma. Si no se actúa así, podrías tener problemas, la obra se alargaría y perderías mucho dinero.

Recuerda que los tratos de palabra no tienen valor legal. Con todos los acuerdos firmados no habría problemas, y, si se retrasaran en la obra, tendrían que abonarte una buena cantidad, cosa que no suele ocurrir, trabajarían día y noche para cumplir el contrato. Solo en el tiempo que se economiza en realizar la obra, obtendrías ganancias para compensar el presupuesto que pudiera ser más caro. Este contrato no vale que lo presente el constructor y firmarlo, lo ha de revisar tu abogado con tus comentarios y sus modificaciones correspondientes. Se ha de estudiar detenidamente cada apartado con urgencia, modificando lo que se crea oportuno. Tú eres el cliente y deberás poner las condiciones que creas más convenientes que te beneficien. A tu abogado lo contratarás por una cantidad fija mensual, y todas estas consultas y gestiones ya están incluidas en el pago, además de todos los trámites para la puesta en marcha del negocio y los servicios que te presta durante el funcionamiento.

FORMAS DE PAGO DE LAS REFORMAS. 136

Empresas instaladoras se encuentran con emprendedores con poco dinero con ganas de pagar, y otros con una economía más boyante con poca formalidad. ¿Qué ocurre con esto? Que muchas empresas instaladoras no se fían de sus posibles nuevos clientes, hasta que no los conocen y les demuestran tanto su solvencia como su formalidad. Al hacer el contrato, condicionan la forma de pago a que se entregue una cantidad al inicio del trabajo, y el resto en uno o dos plazos hasta la finalización de la obra; esto es como la experiencia.

¿Cómo la vas a tener si no has trabajado?, ¿cómo te van a fiar si no has demostrado que eres buen pagador? Si el local está situado en un buen lugar comercial, las empresas de instalaciones comerciales, -por su experiencia en otros casos similares-, deducen a primera vista si el negocio que montas tiene posibilidades de salir adelante. De ahí dependerá la forma de pago más favorable para el emprendedor. Si no tienes dinero para realizar la instalación, y la ubicación del local es buena (el sitio es determinante para que ese industrial se interese por el trabajo). Será el propio local el que te avalará -en cierto modo-, aunque seas inquilino, ya que la experiencia de estos industriales es suficiente para detectar con anticipación, si funcionará o no ese negocio, y tal vez sean ellos mismos los que financien la obra.

NEGOCIANDO DE LA FINANCIACIÓN DE LAS REFORMAS. 137

Con la empresa instaladora podrás negociar la forma de pago más favorable, ya que ellos tienen diferentes fórmulas de financiación. Unas veces son por medio de bancos o entidades financieras y otras por ellos mismos. Si no tienes suficiente dinero para el total de la instalación, le haces saber que te lo tendría que aplazar. El industrial que necesita dinero con urgencia no te interesa que te haga el trabajo, te ahogará reclamando cobros, y los problemas no se terminaran con facilidad. Las empresas solventes, por lo general, trabajan con financieras y saben quién concede préstamos a largo o medio plazo. Las instalaciones que hagas, en la actualidad se desgravan en la renta, el diez por ciento anual. Así que todos los trabajos que te hagan han de ser con factura legal. Si lo hicieras con tu dinero y con factura, igualmente se desgravan en la declaración de la renta en diez años. Si la obra la haces con un préstamo, tu abogado sabe cómo te lo puedes desgravar. Con esta explicación pretendo que tengas argumentos para hablar del tema con tu abogado.

PROYECTO DE UN TÉCNICO. 138

Cuando se dispone del local que ha de ser reformado, al arquitecto técnico le has de explicar el negocio que quieres instalar, la idea que tienes del reparto del local y su distribución. El técnico entiende de distribuciones de locales para cualquier uso. Conoce las leyes del municipio, y sabe si este tipo de negocio tiene vía libre por parte del ayuntamiento. A veces, y según de qué negocio se trate, el sector puede estar saturado y el municipio no autoriza otros. Te hará el proyecto con arreglo a las condiciones exigidas por la ley actual, de todo punto necesario para que ese proyecto sea autorizado y aprobada su apertura. El trabajo del técnico es el de levantar los planos, hacer el anteproyecto con tu conformidad y con el visto bueno municipal, hacer el proyecto definitivo, el que presentará en el colegio de arquitecto para su correspondiente aprobación. .A los pocos días de presentado el proyecto, lo tendrás dispuesto para ser retirado mediante el abono de su importe, el que será pagado por el que encarga el trabajo, que serás tú. Los pagos de planos y proyectos los cobran los Colegios de Arquitectos del que recibirás varias copias. A continuación, el abogado-gestor presentará una de las copias del referido proyecto en la entidad municipal correspondiente, para solicitar el permiso de obra y gestionar los trámites correspondientes del permiso de apertura. Estas explicaciones puede que sean genéricas, ya que la persona que tiene que intervenir en esta gestión para los trámites de apertura, puede ser tu abogado-gestor. El arquitecto-técnico ya ha cobrado su trabajo por medio el colegio. La construcción te la puedes hacer tú, o encargar que te la hagan; el técnico ha de firmar al final de la obra, dando el visto bueno de que ha sido realizado según el proyecto. Si ese proyecto no lo realizas, el dinero pagado lo pierdes y no estás obligado a más. El técnico ya cobró, tanto si ejecutas la obra como si no.

¿DÓNDE TE INSTALARÍAS PARA NO FRACASAR? 139

Donde pase mucho público a todas horas, ese sería el sitio ideal, si es para comercio. Si te instalas en una calle que no es frecuentada por muchos peatones, todas las explicaciones que te doy no valdrán para nada. Mi teoría es que hay que situar el negocio en el circuito comercial del barrio, del pueblo, o de la ciudad, o no se pone el negocio hasta encontrar el lugar acertado. Salvo que tengas suficiente experiencia y concibas un proyecto de negocio definido, y con una característica especial, que aun poniéndolo fuera del circuito comercial, seas capaz de arrastrar a los ciudadanos hacia tu negocio. Como te decía anteriormente, si no encuentras ese lugar idóneo, no tengas prisa y no lo instales hasta encontrarlo. Tú puedes ser muy entendido en cualquier actividad, pero si se trata de venta directa al público, has de buscar el lugar adecuado, y después volcar todos tus conocimientos técnicos y de experiencia hasta conseguir el triunfo de ese negocio.

BUSCAR HASTA ENCONTRAR UN BUEN LOCAL COMERCIAL. 140

Una vez que hayas descubierto el local que te parece el bueno, estudia la zona con detenimiento, el tráfico de peatones que pasa por delante del local, los negocios similares del entorno, los horarios de más afluencia de público, y todo cuanto sea necesario, hasta estar seguro de que has encontrado el que crees bueno. Si es así, no te lo puedes pensar mucho, si te descuidas, otro se te puede adelantar. Como puedes comprender, deberías tener conocimiento de la ciudad, para que cuando veas en una calle que te parece buena para tu negocio, un cartel que diga: "Se alquilan estos locales comerciales" o "se traspasa este local", debes saber en ese momento si deberías pedir información urgente, o no. Hay a quien le he oído decir: "Bueno, este local no me parece malo para probar". A ti, que estás siendo orientado con fidelidad y con conocimiento del tema, que no se te ocurra nunca pensar en probar. Un negocio se pone en el sitio en el que estás convencido de que triunfarás, o no lo pongas hasta encontrarlo. Poner un negocio para probar es una mala idea que no apruebo. Las pruebas se hacen con gaseosa pero nunca jamás con tu dinero. No tengas dudas de que si actúas con inteligencia, encontrarás lo que buscas.
Te digo que si no es un buen sitio no tengas prisa, está bien claro que sería mi mayor fracaso que no triunfes en el primer negocio que emprendas. Cuando termines de leer este libro, estoy seguro que sabrás lo que quieres hacer, y comprenderás mis reiteraciones. Un

buen local es más difícil de encontrar. Los buenos locales se alquilan con facilidad, los propietarios saben que cualquier negocio que se ponga puede funcionar, y querrán cobrar un buen alquiler. Ante las frecuentes visitas de buscadores de locales, los propietarios encomiendan a las agencias para que se los defiendan mejor.

LAS AGENCIAS INMOBILIARIAS. 141

Estas empresas admiten en comisión todos los locales que le encomiendan, tanto para vender como para alquilar. No les ocupa más lugar que el de unos apuntes en el ordenador con los datos del mismo, y después enseñarlo. Lo que las agencias cobran por facilitar un local como de intermediarios, suele ser una mensualidad del alquiler que se suele pagar entre propietario e inquilino. Si son ventas o traspasos, las agencias trabajan a comisión, que paga el que vende. Si alquila el dueño sin la participación de intermediarios, este no tiene derecho ni puede cobrar ninguna comisión. La nueva oleada de agentes de la propiedad ha dado lugar en parte, al encarecimiento, ya que algunos no se conforman con un 3% de comisión en la venta de un piso o local, algunos cobran comisiones desorbitadas que, aunque en cierto modo puedan ser legales, son prohibitivas, a pesar de que el cliente las admita. Si te decides por buscar un local, lo más conveniente sería, además de mirar carteles de alquiler o traspasos, contactar con esos teléfonos, pedir información en algunas agencias de fincas solvente y decirles claramente: "Quiero un local en este sector, para dedicarlo a la venta de artículos de confección, calzado, hostelería", o a lo que sea, sin más explicaciones de especialidades, y estar alerta, de que la agencia no te venda lo que tú no necesitas. Con la historia de que este sector será bueno, porque edificarán y tal y tal, intentarán alquilarte un local que tal vez no sea el adecuado para tu idea, escucha todo lo que te cuenten y aprenderás. Un hábil agente de la propiedad con pocos escrúpulos te puede vender o alquilar lo que tal vez te pueda causar la ruina. No te fíes de lo que no veas. Los negocios de fincas y alquileres de locales son negocios que trabajan por dinero, igual que harás tú. No olvides que este ha sido un buen negocio hasta la crisis.

PREVINIENDO EL FINAL DE UN NEGOCIO EN CONTRATO. 142

Hubo un tiempo en que los contratos se hacían sin especificar el tiempo, no se hablaba de la subida de la renta, y los alquileres quedaban a los pocos años muy bajos con relación a la subida real del costo de la vida. En la actualidad, los propietarios no quieren hacer contratos a largo plazo, porque las rentas se les quedan muy bajas. El baremo oficial de medir la carestía de la vida no tiene nada que ver con la subida real de los alquileres, al ser esta superior. Un contrato por diez o quince años, que no diga nada más, dará lugar a que llegada esa fecha el inquilino esté obligado a desalojar el local, y toda la labor que haya hecho durante ese tiempo de clientela y afianzamiento del negocio la perderá. Lo más seguro es la compra de un local, aunque sea a pagar en treinta años, ya siempre será más rentable que pagar un alquiler, que lo pagas, y ese dinero nunca lo recuperas.

Aclaremos, el alquiler es un gasto más que desgrava en la renta. La ventaja de la compra está en que cuando han pasado muchos años, y el local está pagado, tienes un bien que te puede seguir dando beneficios. Al adquirir un local en propiedad para instalar un negocio hace falta tener alguna experiencia en el negocio que instalas.

En los locales de nueva construcción puede que el sector no esté maduro para producir ventas masivas y, si no hay ventas suficientes, correrías el riesgo de no poder pagar la hipoteca. Un contrato no se debe firmar sin la participación y visto bueno de tu abogado. Los agentes de fincas van siempre a favor de los propietarios, y nunca se podrán hacer buenos negocios con ellos, si son los que lo redactan.

Cuando lleves muchos años metido en negocios, llegarás a creer que lo sabes todo en contratos, podrás tener ideas inverosímiles para algunos, aun así, siempre encontrarás a alguien que los haga mejor. Tus ideas para confeccionar un contrato, aunque creas que son complicadas, las comunicarás a tu abogado, y él sabrá sacarles el mejor partido. Ellos conocen las leyes, y pueden componer párrafos inolvidables a nuestro favor. Con habilidad en la redacción de un documento, incluyendo los términos económicos favorables para ambas partes, se pueden conseguir buenos contratos. Hay contratos redactados, a veces por nosotros sin ser abogados, que se podrían enmarcar. No olvides, que después de firmado un contrato, si no has incluido lo que para ti es lo más importante, ya no tiene remedio. Cuando se ha llegado al final de un negocio, sea por que se quiere quitar para poner otro distinto, por jubilación, o por cualquier otro motivo. Por lo general, a nadie se le ocurre tener preparada la escapada o finalización de un negocio en un contrato de alquiler. En la mayoría de los negocios se firman los contratos de arriendo con la mayor naturalidad, sin tener previsto un final provechoso.

El emprendedor en ese momento, no piensa a unos años vista. El tiempo pasa, y hay que tener preparada la terminación del contrato. En el contrato debería decir, entre otras muchas cosas, que el propietario autoriza el traspaso para el negocio actual, o cualquier otra actividad, ampliándole al adquirente el tiempo suficiente, (que bien podrían ser diez años), para que admita pagar un dinero de traspaso. En esta transacción, al propietario también le corresponde una comisión. Para que el propietario del local firme este tipo de contrato, se les presionará antes de firmar nuestro contrato de alquiler, haciéndole ver que la inversión que haremos no se podrá recuperar si no se hace un contrato con las referidas condiciones y con posibilidad de traspaso.

Las ofertas económicas que se hagan al propietario, como comisión por el traspaso, se pagará cuando llegue el momento, por lo tanto, la comisión que se le ofrezca para que firme ese contrato de prórroga a favor de un futuro traspasador del negocio, aun siendo cuantiosas las cantidades ofertadas, cuando se pagan después de unos años, pueden ser menos importantes. Además, si no se firma una cláusula parecida, no podremos sacar nada de la inversión, al no estar previsto en el contrato inicial. Las cláusulas en los contratos se han de manejar para acoplarlas con nuestras ideas. Cuando digo que hay que dedicar algún tiempo a pensar, ahí tienes la muestra. Si quieres traspasar un negocio en el que te quedan tres años de contrato, será muy difícil el traspaso, por el poco tiempo que queda.

CLÁUSULA ORIGINAL DE CONTRATO. 143

Una vez leí un contrato con una cláusula muy original que decía que el contrato se hacía por diez años, prorrogables por otros diez, si el inquilino así lo deseaba al finalizar este periodo. Que el propietario aumentaría en un 20% el alquiler, sobre el precio del último mes pagado del primer periodo de diez años. Que en el supuesto de un traspaso del negocio, se le abonaría al propietario el 20% del importe de este, además de lo que le correspondiera legalmente. . Este contrato sería prorrogable y en las mismas condiciones actuales al nuevo inquilino, si este negocio se traspasara. Parece un contrato difícil, pero todo estriba en las circunstancias del momento y la habilidad con la que se prepara. Y si pone alguna pega, se le entrega un documento a dos años vista como regalo de una cantidad suficiente para que firme. En el supuesto que seas tú el protagonista, este tipo de contrato lo puede hacer un abogado, pero has de ser tú el que estructure esas cláusulas que te convienen, las que el abogado acoplará con mayor eficacia. Estas cláusulas son las que te prevendrán para una buena retirada del negocio, o la finalización de este por tu parte y la forma de salir más victorioso. Ten presente que cuando el propietario de un local encuentra ventajas, lo puede aceptar con facilidad.

Piensa en una retirada a largo plazo, y haz que se ponga en el contrato todo lo que creas que te conviene, será la única manera de que puedas rescatar la inversión, que lo puedas traspasar y cantar victoria al final. Actualizando la renta y los beneficios para el propietario, existe la posibilidad de que se redacte un buen contrato, y el inquilino no pierda la instalación, ni el traspaso, ni la continuidad de la explotación del negocio por otras personas. Un buen contrato se inventa, ya que las cláusulas se escriben como conviene. A veces, es conveniente pagar una cantidad de dinero a un tiempo determinado para que el propietario ceda en lo que nos convenga. Todo esto se pasaría por alto si el local es de tu propiedad.

DERECHOS POR LAS REFORMAS Y TRASPASOS. 144

Si ese local que te gusta necesita ser reformado, y has de gastar mucho dinero; deberás exigir que conste en el contrato el derecho de traspaso, y todo cuanto se hable de palabra que te pueda beneficiar. El derecho de traspaso se entiende como fórmula para recuperar parte de la inversión que se hizo en la reforma. Está muy claro que si al futuro traspasante no se le tiene previsto en su contrato, por un tiempo mínimo de otros diez años, el traspaso será muy difícil, y las instalaciones fijas quedarán en poder del propietario del inmueble; las que tú te puedas llevar no tendrán gran valor y el fondo comercial del negocio se habrá perdido. Al redactar un contrato de este tipo es cuando se ha de poner todo lo que pueda pasar en el futuro a ese negocio. Después de firmado sin prevenir, ya no tiene remedio. Un traspaso se admitirá con la condición (siempre por escrito), de la autorización de adaptación y reformas que se necesiten. En el traspaso, si el contrato anterior es indefinido, se ha de continuar como tal, aunque se modifique el precio de alquiler, fuera de la legalidad. Si el tiempo de duración del contrato no fuera suficiente, o inferior a diez años, habría que discutirlo con el propietario, siempre con el asesoramiento y la presencia de tu abogado. En diez años, algunas veces solo hay tiempo de estabilizar la situación económica, otras veces estás llegando al final del contrato, cuando empiezas a ganar dinero, y si te dicen que debes desalojar el local, tendrá que volver a empezar.

LOS INTERMEDIACIÓN, LA ENTREGA DINERO A CUENTA. 145

Los contratos que se hacen directamente con los propietarios, y la colaboración de nuestro abogado, serán resueltos con más agilidad, más garantías y mejores condiciones económicas. Mientras no hayas entregado ningún dinero a cuenta, siempre habrá tiempo de modificar lo que el propietario dijo de palabra. No se debe hacer ningún pago a cuenta, porque se haría muy difícil la negociación. Una vez que está escrito lo acordado de palabra en un contrato, ya se puede pagar, y firmar. El asesor fiscal que elijas, que sea abogado y asesor fiscal. A ti no te interesa un abogado en otra especialidad que no sea la de asesor fiscal. Te valdrá para todo lo que intervenga el asunto de dinero. La cuota que puedas pagar por sus servicios, la recuperarás como cualquier otro trámite de desgravación en la declaración de la renta como gastos deducibles...
Cuando te presenten un contrato para que lo firmes, sin haber tenido un día por lo menos para estudiarlo, no lo firmes; si tienen mucha prisa, tal vez te quieran engañar. Para nuestra seguridad, cuando negociemos cualquier acuerdo, tanto sea con parientes, amigos, desconocido, o con tus propios hermanos, los contratos han de ser

por escrito. Puedes dictar algunas cláusulas o dar sugerencias, pero siempre debe hacerlo tu abogado, con tus ideas y los argumentos de ambos. Las alegaciones que creas convenientes las comentarás de antemano con él. Los contratos amistosos no tienen valor, si no son escritos y firmados por ambas partes, y si son con familiares, los problemas no se acaban nunca. Acuérdate del dicho: familiares y trastos viejos, pocos y lejos.

DEL SERVICIO DE UN ABOGADO. 146

En otro capítulo te hablo del asesoramiento legal, y ahora te lo vuelvo a recordar. Los servicios de un abogado pueden empezar con la fundación de tu empresa y la redacción del contrato del local que tomes. Se acordará de antemano la cuota que le pagarás cada mes y los servicios que te prestará por el referido pago; como sería la declaración de la renta, la contabilidad del negocio, las altas-bajas de empleados, todas las gestiones en centros oficiales, asuntos laborales y fiscales, el asesoramiento en cualquier cuestión que ataña o no al negocio, como compra o venta de alguna propiedad, acciones, así como todo lo relacionado con materia fiscal. Tu abogado te defenderá en todo con honradez, porque contigo, y otros muchos como tú, se asegura unos ingresos fijos. Estudiará igualmente cómo recuperar de forma legal el dinero de traspaso y el de la reforma. En caso de que él no lo comente, ya te encargarás tú de recordárselo. Los abogados tienen conocimientos de formalidades legales para poder recuperar las inversiones aportadas al negocio. Según la ley actual, en el plazo de diez años te puedes recuperar las inversiones de las reformas. Las leyes van cambiando, así que el abogado-técnico-fiscal, si es bueno, será el más económico, aunque sea él más caro. No te fíes de ningún gestor desconocido que te parezca económico, a la larga te puede costar dinero y dolores de cabeza.

EJEMPLO DE CLÁUSULA DE ACTIVIDAD EN UN CONTRATO. 147

Ten mucho cuidado; si has de vender puertas, no debes poner solo puertas, estas entran en la actividad de la construcción y muchas cosas más, si no lo especificas bien en el contrato, cuando quieras agregar algo a lo que tienes derecho y que puedas vender, podrías tener problemas con el propietario del local. Si el negocio va bien y te sales de lo acordado querrá más parte de tus beneficios, subiéndote el alquiler.

Un ejemplo: el local se destinará a la venta de todas clases de materiales de la construcción, fontanería y saneamiento en general, incluidas las reformas a domicilio y la exposición y venta de pequeños electro-domésticos. Este epígrafe abarca esto y tal vez más, pero siempre será tu abogado el que haga la redacción. Como puedes ver, tienes suficientes artículos, como para poder llevar adelante un negocio con seguridad. El impuesto fijo de actividades será el mismo, tanto si vendes todo lo que especifica el epígrafe, como si vendes solo dos artículos. .. Después pagarás al hacer la renta, con arreglo al volumen de ventas generadas, y por los beneficios obtenidos. Si decides fabricar cinturones de señora, pagarás por fabricar cinturones de vestir de cualquier tipo y otros muchos artículos de piel, etcétera… El epígrafe sería de marroquinería, y se podrá fabricar o vender artículos de piel en general y sucedáneos, como pueden ser de plástico, de rafias, telas y otros productos con los que se puedan fabricar artículo de marroquinería. Si quieres vender zapatillas deportivas, estarás en el epígrafe de calzado y artículos deportivos, y podrás vender prendas deportivas y todos los artilugios que te puedas imaginar par tales menesteres. Si es de solo de calzado, podrás vender todo tipo de calzados. A veces, cada gobierno dicta nuevas leyes de impuestos, por lo que van saliendo nuevos libros de impuestos, con los epígrafes correspondientes actualizados, para todas clases de actividades. Cuando se inicia un negocio, este libro puede ser conveniente para cualquier consulta orientativa, antes de comenzar un negocio. Esto no quita que sea el abogado o gestor el que cuando se dé el alta una actividad de negocio, intervenga por tu propio bien. Con un libro actualizado conoceremos algo más de lo que nos explica y aplica el gestor.

CUANTAS MÁS ACTIVIDADES, MEJOR.   148

En el contrato se han de poner cuantas más actividades mejor, aunque de momento no las necesites. Por ponerlas en el contrato no se paga nada, se paga por la actividad que declaras en hacienda. Lo que hacemos es prevenir, para cuando queramos dar un giro al negocio o ampliar las actividades de este. Una buena cláusula en un contrato podría ser que el local se destinará a la actividad de "comercio en general", cláusula que no será fácil que la admita el propietario, pero por probar no se pierde nada. Otra, si te dedicas a la enseñanza, debería decir: "Dedicado a la enseñanza en general", ahí sí que hay actividades a desarrollar. Si se consigue, y pasado un tiempo quieres cambiar el tipo de enseñanza, no tendrías que dar explicaciones al propietario. Otra podría ser: "Dedicado a hostelería en general". Estas son ideas que tú con el tiempo las podrás mejorar. Todo esto es consecuencia de pensar. Recuerda que nuestro mayor tesoro lo tenemos en nuestra cabeza.

¿CONFIANZA O DESCONFIANZA EN LOS NEGOCIOS? 149

En el mundo de los negocios, incluidas mercaderías, alquileres o compras de locales, etcétera, todas las personas que comercian actúan como lobos disfrazados de corderos, que van a ver quien se lleva la mejor tajada. El negocio es el negocio. No lo olvides. Será mejor que digan que eres desconfiado a que digan que eres idiota, que digan lo que quieran, y tú a lo tuyo. En los negocios, cuídate cuando te echan la mano por el hombro o te ríen las gracias mientras haces un trato, tal vez te quieran equivocar, hazte el despistado e intenta que sean ellos los engañados. Ya sabes que si se firma un documento legal, aunque hayas sido engañado, ya no tiene remedio. A menos que haya sido una estafa.

¿QUE CÓMO PUEDES SER ENGAÑADO? 150

Si te colocan o te alquilan un local en un desierto o en una calle muerta para el negocio, que el propietario o el intermediario no encuentra la forma de alquilarlo, ya te han engañado. Te dirán muy sonrientes para endosártelo. "Este local tiene mucho futuro, aquí construirán y harán esto y aquello, y tal y tal". Están actuando. Cuando notes algo así, no aparezcas más por el sitio, te podrían convencer para que sigas arruinándote. ¿Ves que fácil en engañar?

LA PERSONA BIEN INFORMADA VALE POR DOS. 151

Otro trabajo que debes hacer antes de comenzar un negocio es informarte de lo que valen las cosas que te rodean. Un emprendedor que se inicia como tal, no puede ignorar cuánto vale una barra de pan, una cazadora de piel, un colchón, un café en un bar, y cosas que puedan estar anunciadas en los escaparates comerciales. También debes saber cuánto se paga de agua, de luz, o de teléfono en cualquier negocio, local o vivienda.

El futuro emprendedor debe mirar escaparates, sin importarle de qué, e ir aprendiendo a valorar los artículos de consumo; entrar en comercios o grandes almacenes, ver los precios, la procedencia de cada artículo que te pueda interesar por curiosidad, el envase, su composición, formato, etcétera. Debes dedicar las horas que tengas libres a este pasatiempo mientras planificas tu futuro negocio. Visitar estos lugares es una buenísima terapia, para que inconscientemente te vayas saturando de diferentes productos y sus precios. Estas visitas que hagas a las grandes superficies para hacer el estudio referido, acude solo, andarás a tu libre albedrío, te pararás a mirar, y emplearás el tiempo que necesites, cosa difícil de hacer si vas acompañado. En pocos días sabrás lo que cuesta un kilo de peras, un televisor de 20 o 24 pulgadas, lo que vale un libro de tal escritor o lo que vale un peine. Sabrás los precios de venta de muchísimos artículos; esto parecerán tonterías para los "otros", pero para un futuro emprendedor, esta información podría ser definitiva, y la que podría cambiar el curso de su vida.

EJERCITA Y HAZ TRABAJAR TU MEMORIA. 152

Estos ejercicios incrementarán tus conocimientos del mundo que te rodea; hay días festivos que abren algunos grandes almacenes, puedes aprovechar ese tiempo, conociendo precios de venta al público de todo lo que veas, y de aquellos por los que sientas curiosidad o que guarden relación con el negocio que tienes en el pensamiento. Así podrás hacer cálculos de todo tipo, y, si no tienes decidido a lo que te quieres dedicar, tal vez encuentres el hilo conductor que te lleve a algo que lo puedas aplicar a tus proyectos.

¿QUE CUÁNTO DINERO SE GANA EN LOS NEGOCIOS? 153

Nadie te lo dirá. Con los conocimientos de los precios de venta al público y las explicaciones que siguen a continuación, vas a saber con cuánto beneficio se trabaja en el comercio. Así podrás hacer cálculos económicos de los beneficios que puedes obtener y dependiendo del negocio que elijas. En la mayoría de los artículos de venta al público, el comerciante obtiene un beneficio mínimo de alrededor del 35%, sobre el precio de venta; hay artículos, incluso, en los que se obtiene el 50% o más. El mundo de los beneficios es complejo, y no hay una regla fija. Unas veces depende de la competencia, otras de la habilidad de comprar a buen precio, otras del costo de fabricación o de la demanda del artículo o el producto. Estas explicaciones parecen un galimatías, si descubres alguna cosa que no vende o fabrica nadie, la buscas o fabricas, la pones a la venta y el éxito puede ser seguro.

.SOBRE LA FABRICACIÓN. 154

Siempre dependerá de la habilidad, los conocimientos que tengamos, y los riesgos que corramos. Para crear un producto se necesita conocer lo que queremos hacer, su composición y demás. .Este es un tema muy peculiar, y siempre dependerá de lo que conozcamos, aunque no siempre se ha de conocer lo que fabricaremos a lo largote nuestra vida.
Si nuestro objetivo en la vida es subir hasta lo más alto, siempre hallaremos productos que fabricar. Cuando tenía veinticuatro años, inicié un negocio en Zaragoza, de churrería, servicio de chocolatería, desayunos, y venta de helados. El local tenía de 26 metros cuadrados. ¿Sabes por qué instalé este negocio? Residíamos en Barcelona mi esposa y yo. En una visita a Zaragoza, según caminábamos por la calle, y al ver que por la tarde vendían churros calientes, exclamé diciendo, ¡Oh!, vende churros por las tardes. La contestación de mi cuñada fue, ¡pero si todos los churreros son millonarios! Aquella contestación fue como un golpe en mi conciencia. Llegada la noche, conversando con mi esposa sobre el tema, decidimos que para que íbamos a emigrar al Brasil, como

teníamos previsto, con los pasaportes y todo dispuesto. A pesar de que no sabíamos fabricar churros. Pusimos una churrería en el centro de una barriada popular, llamada Las Delicias en Zaragoza. Los churros que fabriqué el primer día, no valían nada, no se podían comer de lo mal hechos, la aventura de fabricante de churros solo duró un día, gracias a Dios. Ese día entró en el local un "ángel de la guarda", que Dios lo tenga en la Gloria, murió hace años. Cuando entró este "ángel", me preguntó, ¿usted es churrero? Le contesté con humildad, no, no soy churrero. Siguió hablando, me preguntó, ¿quien ha pintado ese cartel, el que hay sobre la puerta de entrada y pintado en la misma pared que brilla por la noche? Le contesté, yo, pero no soy pintor. (Lo pinté con pintura fluorescente roja sobre un fondo blanco). Hubo un momento de silencio y me preguntó, ¿usted me pintaría un cartel igual que este en mi negocio? Tengo una churrería en el barrio Oliver.

Le contesté, claro que se lo pintaré. A continuación dijo, enséñeme la masa que tiene hecha. Pasó a la trastienda, aquí está. Me miró, la tocó y me dijo, tire esa masa, esta tarde vendré y le enseñaré a fabricar churros. ¡Me llegó un Ángel del cielo verdad! Seré breve, me enseñó a fabricar churros, y vendía tantos que los compradores tenían que hacer cola hasta que le tocaba el turno. Poco tiempo después contraté como empleado un churrero profesional. Cosa que podría haber hecho antes. Soy consiente de que buscaba la riqueza. Fue una odisea, lo que "navegamos" en aquel local de 26 metros. Empezando por hacerme yo mismo el mostrador de madera sin ser carpintero.

¿Comprendes mi mensaje, futuro emprendedor? A las cinco de la mañana comenzamos la venta de desayunos, y churros. A la vez que vendíamos helados comprados, y granizados fabricados por nosotros. En ese mismo local, poco tiempo después, dejé de fabricar churros y los compraba en una churrería cercana, con un beneficio del 25%, y sin tragar humos. En el hueco dedicado a la elaboración de los churros, me instalaron una pequeña fabriquita de helados. Vendía menos churros, ganaba salud, y vendía muchos más helados. Como puedes ver, mi cerebro marchaba a mil por hora. En unos de los capítulos de hostería, explico cómo se pueden fabricar y comercializar hasta el último detalle de cuanto digo, para que pueda ser otro negocio más.

FABRICANTE DE HELADOS. 155

Una gestoría me solicitó el número de registro como fabricante de helados. Resultando que un local de 26 metros cuadrados me servía como churrería, cafetería-chocolatería, y heladería, con número de fabricante nacional. Esta odisea, como digo, fue como consecuencia de la imagen que se había fijado en mi subconsciente desde pequeño, de que yo sería algo más que un simple empleado en la empresa de otro. Aprendí a fabricar helados, granizados y todo cuanto creía oportuno que se pudiera vender por mis propios medios. ¿Cómo fabricaba helados sin saber? Esto y mucho más, está incluido, en la parte de hostelería.

COMERCIO DE CALZADO Y ARTÍCULOS DE PIEL. 156

A continuación, instalé en un local de 150 metros cuadrados muy cercano al negocio anterior, una tienda para la venta de calzados, bolsos y marroquinería en general, sin saber nada de este gremio. En un local cercano que me servía de almacén, me dediqué a fabricar bolsos y cinturones. En principio, lo que fabricaba lo vendía en la tienda, después, aumenté las ventas al por mayor por medio de representantes por gran parte de la geografía española. Los cinturones los aprendí a fabricar "fabricando" y haciendo pruebas.
Para la fabricación de bolsos de señora, contraté a un oficial de la profesión. Todo esto que explico puede haber ocupado varios años de mi vida como emprendedor.
A los emprendedores que lean estos escritos le diré que no es necesario saber un oficio o una profesión para instalar un negocio. Siempre he corrido riesgos, metiéndome en cualquier negocio en el que creía, y por lo general, se convertían en victorias. No he pretendido airear mis intimidades que podrían ser mucho más sorprendentes. Las emociones y sentimientos del corazón cuando escribes no tienen límites. Estas explicaciones tienen como objetivo, alentar a los futuros emprendedores para que comprendan que, sin ser especialistas de nada, podrán conseguir sus propósitos hasta llegar a la riqueza.
Con un fuerte espíritu de luchador, todos los obstáculos que encontremos en el camino hacia la riqueza los saltaremos con la

mayor naturalidad. Los obstáculos desaparecen cuando los acometemos con inteligencia. Andando el tiempo, nos convertiremos en maquinas trituradoras, que al rodar soslayando cuantas piedras encontremos en el camino que a otros le parecerán montañas. Algunas veces surgieron dificultades, que eran pequeñas migajas, comparadas con las satisfacciones que recibíamos. Los posibles tropiezos del emprendedor se transforman en experiencia y sabiduría, la que le valdrán para ser más fuertes y conseguir el éxito en aquello que acometan. Estas explicaciones son de necesidad para que sirvan de acicate a los futuros emprendedores, haciéndole ver como se puede comenzar cualquier pequeño negocio aun careciendo de conocimientos y dinero, para llegar hasta donde queramos.

PRECIOS DE COMPRA Y DE VENTA. 157

Comentario a tener en cuenta: al hacer la compra de artículos para manipular o comercializar, todo comerciante o industrial compra a precio de al por mayor, aunque de algún artículo solo compre una unidad. Algunos ejemplos de negocio: si compras un artículo por 10 euros y lo vendes por 15, le habrás cargado el 50% sobre el precio de compra; al venderlo estás obteniendo un beneficio sobre el precio total de la venta, de una tercera parte, que bien pudiera ser el 33%. En el comercio, este es un margen de beneficios común, tirando a la baja, ya que hay muchos imprevistos que se descubren sobre el manejo, por lo se debe poner algo más de beneficio. En artículos sin mermas ni liquidaciones, se puede trabajar con menos márgenes comerciales.
En las liquidaciones de temporada, los comerciantes ven difícil vender todo lo que les ha sobrado de esa temporada y, para ir bien, lo deben vender al precio de costo, y a veces con pérdidas. También hay empresas que producen artículos con restos de las materias primas de la temporada que no vendieron. En el asunto de la confección del vestido en general, es bueno visitar mercadillos semanales en algunos pueblos y ciudades, para aprender. Estos los compran en fábricas. Suelen ser restos de series, muestrarios pasados de moda, otros son devoluciones de algunos comerciantes (que al recibirlos con algún defecto los devolvieron, o por no llegar a tiempo cuando los pidieron), o que confeccionaron para quitar restos de tejidos y materiales pasados de moda, sirven para dar

trabajo a los empleados de la empresa y paliar los gastos cuando bajan las ventas.

Esto es igual que los hoteles que funcionan en invierno con la tercera edad, mantienen el negocio abierto, aunque los beneficios sean inferiores a los de temporada alta. Es mejor cubrir gastos que cerrar el negocio, ya que los cierres temporales de cualquier empresa son perjudiciales por diferentes motivos. Por otra parte, son infinidad las empresas (importantes) que fabrican en los países pobres, donde los salarios son muy bajos, y traen la mercancía fabricada a los países ricos. Trabajan compitiendo en precios, con muy altos beneficios. Los pequeños empresarios se las tienen que ingeniar para que a ellos no les repercuta. Al instalar un negocio hay que estudiar a estos almacenes que comercializan tantos productos, para que te sirvan de referencia en tu futuro negocio, así como su ubicación, disciplina de precios y los artículos que te puedan perjudicar por su agresividad competitiva.

DE LA PRODUCCIÓN INDUSTRIAL Y LA FABRICACIÓN. 158

En estas empresas, los márgenes pueden ser más limitados. También existen representantes, intermediarios, distribuidores y mayoristas, donde los beneficios se van compartiendo. Las ventas de ambos son al por mayor con beneficios ajustados, por los de la competencia para seguir vendiendo. En estas empresas, al tratarse de un gran volumen de dinero y de mercancía en movimiento, aunque los beneficios sean moderados, las ganancias son considerables.

HOSTELERÍA, Y MULTINACIONALES DE COMIDA RÁPIDA. 159

Los márgenes comerciales en la hostelería son distintos; una gran parte de la mercancía que se vende es perecedera y, por lo tanto, en algunos productos, los precios de costo no tienen nada que ver con los de venta al público. En un restaurante, los costos se han de multiplicar por cuatro o por cinco, y a veces por más, ya que son muchas las mermas ocasionadas por diversos motivos.

Las empresas de comida rápida como las hamburguesa, y otros, son los más inteligentes. No tienen una carta muy amplia para elegir muchos platos. Si emplearan la baraja española para el negocio, elegirían sota, caballo y rey. Es cuestión de inteligencia, aunque vendan hamburguesas o bocadillos, su permiso es de restaurante. La astucia es la que prevalece. ¿Cómo puedes instalar un negocio de comida rápida con suficientes explicaciones? Lo encontrarás en mi otro libro de hostelería.

EL VALOR DE TU TIEMPO. 160

Si has leído hasta aquí, no existe la menor duda de que quieres ser un emprendedor más.
 Cuando se es joven, cualquier pequeño trabajo hecho con alegría es un triunfo, no importa que le saques de paseo el perro a tu vecino o le riegues las plantas cuando está de vacaciones, todo lo has de hacer por una cantidad de dinero acordada de antemano. No vale esperar una propina, que es insultante. Has de valorar tu tiempo y ponerle el precio que vale tu trabajo; si lo hicieras gratis, menospreciarías tu propia persona y perderías valor ante los demás. En los negocios, ningún artículo se trabaja si no tiene beneficios, a no ser que sea un artículo que si no lo vendes hoy mañana no vale; entonces se ha de vender al precio que sea.

EL TIEMPO QUE SE PIERDE EN UN NEGOCIO. 161

Si un emprendedor o un dependiente, en su jornada de trabajo vende 20 unidades de X, con un beneficio para la empresa del 40% sobre la venta, y el emprendedor o el dependiente tiene tiempo para vender más, aquí tenemos un ejemplo de tiempo perdido. Si en el mismo tiempo vende 40 unidades de X, en lugar de 20, porque se baja el precio en un 10%, el beneficio que queda es del 30%, se gana menos por unidad, pero las ganancias totales se multiplicarán y el dependiente no se aburre. El tiempo será más provechoso para la empresa, y para el empleado, si este lleva una comisión en las ventas. Así se consigue más recaudación y más beneficio para todos. Ese sistema te dará buen resultado, y será la base para que repitas el mismo negocio en otro lugar, o instales otros diferentes.

LA ECONOMÍA DEL TIEMPO. 162

Si valoras todos los tiempos en los que tienes dominio siendo empresario, te podrían decir judío, no te preocupes; en cierto modo, todos los comerciantes lo son. El primer comerciante en la historia fue un judío, y el primer banquero igualmente; son los gajes del oficio. Los principios básicos del comerciante son los de ganar dinero, peor sería que te llamaran vago o ladrón. Inventar o crear formas de negocio o imitar reformando las ideas de otros en su totalidad, son las dos cosas que puedes hacer. Copiar modificando no es inventar, aunque se podría decir, que sería reinventar.
Mi máxima ha sido la de crear negocios de impacto. Más de una vez han sido el mismo negocio de toda la vida, y que servía para el mismo fin pero que, al ser modificado su formato o su forma de enfocarlo hacia el consumidor, este encontraba una novedad. En este caso concreto hay que imitar a los inteligentes de los negocios. Para ellos, su primer objetivo es buscar lugares de mucho tránsito de peatones. Las cadenas de franquicias de venta de bocadillos y de otros productos, no se instalan en cualquier lugar; cuando abren un local es para empezar a vender desde el primer día. Los organizadores de estas empresas son personas experimentadas, por eso delegan en ellas. Estas empresas han sabido tomar el pulso a la sociedad de consumidores.

VENTA BOCADILLOS LOCALES CÉNTRICOS. 163

Son muchas las franquicias instaladas en España, una de las más conocidas en el ámbito mundial se creó en Norteamérica hace más de cincuenta años, y lleva a rajatabla una disciplina encomiable, de servicio, calidad y precio. Sus negocios se instalan en los lugares más estratégicos de los sectores comerciales, para que las ventas sean un éxito desde su comienzo. La limpieza es extrema, la uniformidad y aseo del personal es total. A los empleados los buscan entre los estudiantes. Las franquicias MacDonald', la de los dos arcos, asesoran a los futuros franquicia dos con plena garantía de éxito. Si instalas un negocio de este tipo, y el local está autorizado como bar, restaurante o negocio similar, tal vez no necesites ningún otro permiso, puede que con el cambio de nombre y el permiso de reforma sea suficiente.

LAS PRISAS NO SON BUENAS.   164

Cuando se abre un negocio tiene que estar espléndido: buena iluminación, un buen pintado, y todo en su sitio. Se planificará inteligentemente la reorientación, si era la continuidad del negocio anterior. Si el negocio fuese de hostelería, es obligatorio el cambio total de los aseos, por tu propia conveniencia. Cuando estos llevan mucho tiempo de uso, lo más positivo es destruirlos y hacerlos nuevos, el público nota el cambio, empezando por ahí. Considerando que estos gastos se desgravan en la renta.

ANÉCDOTA SOBRELOS LOS CONSUMIDORES.   165

Una vez, estando en el Corte Inglés de Zaragoza, me encontraba mirando las láminas de unos cuadros con buenas copias de pinturas, mientras esperaba a mi esposa que no sé qué estaba viendo, cuando llegó un grupo familiar. Estas personas se quedaron mirando los cuadros, y les oí decir: "¡Qué marcos tan bonitos!". Uno está acostumbrado a todo esto, y más, pero cuando te ocurre a ti, no dejas de extrañarte. Así son la mayoría de los consumidores compulsivos, miran el envoltorio y no el contenido. La mayoría de las veces es la publicidad la que hace que infinidad de productos sean consumidos. Esto lo has de tener muy en cuenta en tu vida de negociante. Todo lo que vemos, no es lo que parece. No olvides, que el emprendedor como comerciante es un actor, y a esos admiradores de "marcos" para cuadros se les lleva la corriente con educación, asesorándoles sobre marcos, y todo cuanto quieran saber de lo que podamos ofrecer cuando seamos nosotros los vendedores. El negocio es el negocio, como dicen en algunos lugares.

¿POR QUÉ TRIUNFAN O FRACASAN ALGUNOS EMPRENDEDORES?

CAPÍTULO 5º 166

FABRICANTES, MAYORISTAS, ALMACENISTAS Y DISTRIBUIDORES. 167

La fabricación. Esta es otra forma normal de emprender un negocio por tu cuenta. Si la vas a abordar, lo primero que has de pensar es hasta dónde conoces determinados artículos que creas que podrías fabricar. Fíjate en todo cuanto nos rodea y consumimos, todo ha sido fabricado por alguna empresa, sea grande o pequeña. Fabricar puede ser muy fácil, lo difícil es vender la producción. No te voy a decir lo que has de fabricar, ya tendrás idea de lo que pretendes, por lo que, aplicando tu ingenio y mis sugerencias, descubrirás qué producto o artículo harías mejor, para que fuera aceptado por los consumidores.

El precio de lo que produzcas no debería ser más caro que el de la competencia, ya que te encontrarías en inferioridad de condiciones. Un artículo es aceptado si el producto es parecido a los que se venden en el mercado, si es distinto debe ser una genialidad. Cuando se dispone de economía, y buena publicidad, se pueden crear nuevos productos y hacer que se vendan.

La parte más difícil del fabricante es, además de crear un buen producto, que sea vendible y que se obtengan con él buenos beneficios. Habrá que planificarlo y organizarlo todo con anterioridad. La fabricación no se hace al azar, hay que organizarla, para que tanto el producto como el precio sean aceptables. Hoy día parece que son los grandes fabricantes los que mejor organizados están.

No obstante, también hay nuevos pequeños fabricantes, que, aunque trabajen en menor escala, si no dejan ningún cabo suelto en el manipulado de sus productos, consiguen crear cosas vendibles. Después de que la maquinaria de la producción está en marcha, van surgiendo ideas y nuevas máquinas, y es aquí cuando aparecen en nuestra imaginación improvisaciones de formas de trabajo y fórmulas fructíferas de éxito.

VENTA DE LOS PRODUCTOS. 168,

Algunas grandes empresas de fabricación venden a enormes cadenas de distribución, ajustan los precios y cobran a un tiempo largo; un emprendedor que empieza tal vez no pueda soportar esos precios. Las ventas por comercios normales y menos voluminosos tienen la ventaja de que los pedidos son menos importantes, y que cuando un comprador se retrasa en el pago, o no paga, por el motivo que sea, el riesgo es menor. Ya sabes lo que pasa si se quiere vender a los grandes compradores, si solo trabajas para una o varias grandes superficies de distribución tu crecimiento es constante pero si solo tienes ese cliente y un buen día deja de comprar tus productos, si has hecho una gran instalación y tienes bastantes empleados en nómina, tendrías que cerrar el negocio, igual que le ha pasado a otros.

CÓMO PONDRÍA EN MARCHA UNA FÁBRICA DE GALLETAS. 169.

Te doy un ejemplo de lo que haría yo si tuviera que poner este negocio.
Si no conozco el gremio, buscaría como empleado un oficial pastelero repostero con experiencia. Buscaría un local que tuviera un tamaño apropiado para fabricar y vender al por menor, en una barriada popular de la ciudad (por donde pasaran muchas personas). La venta al por menor, al principio, sería muy necesaria, por ser el primer sostén del negocio, ya que haciendo ventas todos los días se podrían ir atendiendo pagos.
Si los productos que fabricas están bien, y el precio es competitivo, dentro de una calidad de media a buena este negocio funcionaría. Estas tiendas no fracasan si se estudian los precios de los alrededores y haces una batalla competitiva y equilibrada. Muchos de estos emprendedores fracasan porque quieren ganar mucho dinero en poco tiempo. Se trata de comerciantes que son pasteleros pero no son negociantes. Después, iría poniendo pequeñas tiendas en otro lugar de la ciudad y suministrándolos del mismo obrador. Varias pequeñas tiendas de galletas y pastas, situadas en lugares de afluencia de público y con una sola dependienta activa, serían

suficientes para ganarte un medio sueldo libre de gastos en cada una de ellas.

Al instalar una nueva tienda, por pequeña que sea, la persona que haya al frente ha de ser, sobre todo, vendedora. Si por algún motivo la dependienta pudiera faltar al trabajo un día, en su lugar debe estar en el negocio el emprendedor o persona de su confianza. Si ponemos dos empleados en cada una de estas pequeñas tiendas desde el primer día, el negocio arrancará cargado de gastos. Pero esto es normal en cualquier negocio, y es el riesgo que se ha de correr, si queremos llegar a donde nos proponemos.

HERRAMIENTAS DEL OBRADOR.   170

Horno de cocción, amasadora, batidora y demás herramientas necesarias, que encontrarás en las empresas de maquinaria para pastelerías; es muy necesario el asesoramiento del oficial pastelero para efectuar estas compras, y debes tener en cuenta que una pequeña máquina puede hacer mucho más trabajo que varios empleados. Maquinarias hay muchas pero, en principio, solo se debe comprar lo más sencillo y necesario. También para la compra de las herramientas menores: mesas de trabajo, estantes para las latas de los productos, antes y después de su cocción, bandejas de plástico contenedoras de la mercancía para la venta al público, etcétera, el oficial pastelero puede ayudarte, dándote una lista de los materiales de trabajo y herramientas más comunes, y deberías llevarlo contigo a ver herramientas. Otra idea, tomar en traspaso un obrador y tienda. 124,,   Si el negocio ya estaba montado es cuestión de darle el empuje correspondiente. En este caso, mi puesto de trabajo sería, además de pensar para que el negocio funcione, estar en todas partes; ayudaría a fabricar como un peón más y anotaría hasta el más mínimo detalle de las fórmulas de cada producto Estaría al tanto de que las ventas al por menor estuvieran controladas. Si es una pequeña tienda, con el obrador en el interior, se debería poner un espejo en la tienda que dominara la parte más importante de mostrador y caja. Hay espejos en locales comerciales que permiten ver al público desde el obrador o desde la oficina sin que el público vea el obrador. Así el jefe podría estar fabricando y viendo cómo funciona el negocio de cara al público.

LAS TIENDAS DE BARRIO DE GALLETAS Y PASTAS. 171

Estas tiendas funcionan bien si los precios son normales. Si hay surtido, calidad y precio la clientela se hace pronto. Del público no esperes nada, si no le das ganancias y servicio. Si el oficial no tiene mucha experiencia en hacer diferentes tipos de pastas, no te preocupes, acude a una tienda con buen surtido a granel. Si se las sirve uno mismo, coges dos unidades de cada, y si las sirven las dependientas, le dices que te pongan dos pastas de cada una de las que tienen en la tienda, o de las que tú elijas, porque quieres hacer un regalo muy original. Después, entre el pastelero y tú, haréis un surtido variado. Algunas galletas o pastas se hacen con la misma masa, cambiando la terminación superior o el formato de las mismas. Una misma masa que lleva sabor a canela y almendra, si, usando esa misma masa, se le pone un poco de coco rayado y la cambias de formato, será diferentes. Sin embargo, un pastelero profesional debe tener conocimientos suficientes para hacer cada galleta con su fórmula, y con diferentes formas. Pongo este ejemplo para hacerte ver que algunas cosas pueden no ser tan difíciles como parecen.

UNA FÁBRICA VENDÍA GALLETAS PARTIDAS. 172

Era una fábrica de galletas y caramelos, a la vez que era laboratorio de linimentos y otros.
Vendía galletas Marías a granel, con algunas partidas o rotas a más bajo precio, en su despacho de venta al público, un día determinado de la semana. Algunas estaban rotas, y no porque se partieran en el trabajo, en realidad eran una promoción para hacer entrar a la gente y que sirvieran de publicidad. Las galletas tienen su punto flaco, como todas las cosas; deben estar secas y no parecer tierra al comerlas, deben estar lo suficientemente dulces, sin pasarse, y el elemento oleoso que se use para darles suavidad. Las materias primas que se empleen estarán en relación con la calidad del producto.
Hoy día, hay suficientes fabricantes de repostería y pastelería industrial, cuyos productos se ven en los supermercados. Es cuestión de copiar lo que más se vende. En este negocio pasa como en todos,

los artículos que dan más beneficio son los que tienen más peso o más humedad, si se venden por kilos. El mayor peso se consigue por el remojado del bizcocho en agua endulzada hecha jarabe. Cuando se trata de pastelería industrial que se envasa para un tiempo determinado, si va rellena de crema o cualquier otra sustancia, nunca se le pone leche, porque se agriará con facilidad. La crema hecha con agua y bien hervida es duradera, incluso en verano, y, tanto envasada por pastas individuales como sin envasar, puede dar buen resultado.

LA VENTA AL POR MAYOR DE PRODUCTOS DE PASTELERÍA. 173

Los productos se han de presentar para la venta al por mayor, o bien a granel, en cajas de cartón de tres a cinco kilos, o en envases independientes, de menores cantidades.

En cualquier supermercado se pueden ver la diversidad de formas de envasar productos de poco peso y volumen. Todos los envases deberán llevar tu marca desde el principio, el registro de una marca vale muy poco dinero. Una buena información de los trámites de apertura del negocio es imprescindible y no es ni más ni menos complicada que para cualquier otra actividad. Antes de todo, se necesita el permiso de sanidad. Este tema (apertura, sanidad y demás) se considera parte del trabajo del gestor para la apertura de un negocio. Cuando se pide permiso de este tipo de negocio, la inspección que hacen para dar la autorización del negocio abarca la higiene, las mesas de trabajo, -que siempre fueron de mármol o de madera y que hoy día puede que consideren de acero inoxidable las más idóneas-, salida de humos, los desagües, almacén, y poco más. Para estar seguro de una buena instalación, recurre a un ingeniero o arquitecto técnico, ellos son los que hacen los proyectos que se han de presentar en los ayuntamientos, o donde corresponda, para conseguir la apertura. Más información la recibirás de un proveedor de maquinaria para pastelería, y la información que te facilita el gestor especializado que siempre hay en cualquier ciudad. En la agrupación de pasteleros de esa ciudad, te presentas diciendo que eres pastelero y te quieres establecer, y que te informen de los pasos necesarios a seguir. Verás lo fácil que te resulta todo, incluso te informarán de lo que preguntes sobre proveedores de maquinaria, de productos de pastelería y demás.

VENDEDOR URBANO AL POR MAYOR 174

Las ventas por la ciudad son trabajo de un vendedor que no haga otra cosa, puede tener un sueldo justo y una comisión que lo redondee como un buen sueldo; esta es la única manera de que se venda la producción. Para impactar en la venta se necesita, además de copiar sin miramientos lo que hay en el mercado, crear forma de productos que se distingan de alguna manera personal. Un buen envase puede ser de cartón para unidades de mercancía, cuya capacidad no sea superior a 500 gr. y con la parte superior de la envoltura de papel de celofán transparente, ya que la visión del producto vende mucho más, aunque en nada hay una regla fija, y si no son marcas reconocidas por el público, cualquier forma de publicidad siempre es necesaria y, en este caso, el envase y el producto pueden hacer el trabajo. Con insistencia y buena presentación se pueden conseguir clientes de tiendas de alimentación al por menor. Son muchos los industriales que tienen una clientela de pequeños detallistas, que visitan periódicamente con sus furgonetas de reparto. A pesar de todo, las pequeñas tiendas son el mejor acierto, hasta que te dediques a la venta al por mayor por la comunidad, o por todo el país.

COSTOS Y BENEFICIOS. 175

Anota los productos de costo y averigua la merma por la cocción de las pastas. Como desconocedor del tema, podrías hacer de una vez para siempre varias clases de masa o preparados en porciones mínimas, como ensayo y con la colaboración del oficial, para comprobar la merma que tienen las masas, una vez elaboradas las pastas y cocidas. Cuando ya has hecho las galletas, las pesas, y por lo que te cuestan los materiales y lo que pesan después de la cocción, sabrás el costo por kilo terminado. Mirando precios en las tiendas de frutos secos y galletas que se van instalando, así como en los supermercados, tendrás suficiente información para copiar formatos, ver precios y peso de cada unidad de venta al público. A los precios que veas de venta al público, les descuentas algo así como 35%, que es el benéfico del comerciante, y sabrás a qué precio lo compró. Cuando el producto no tiene mermas, como en este caso, los beneficios pueden ser inferiores, si conseguimos un buen volumen de producción. Claro, pero para conseguir el tal volumen de producción, primero hay que ofertar el producto a un buen precio. ¿Qué fue primero, el huevo o la gallina? Ahí está el quid de la cuestión, que para conseguir muchas ventas, en esto como en cualquier otra cosa, primero se ha de ofrecer el producto con las mínimas o moderadas ganancias, para conseguir la producción encadena. Bueno, esto no siempre es así, ya que puede haber artículos con más o con menos beneficio. Hay unas tiendas cerca de mi casa que venden pastas y frutos secos; tienen galletas bien buenas, que las compran para volver a vender al público, a un precio de entre 5 y 6 € el kilo. Hay otras que solo venden pastas que se las fabrican ellos mismos, en las que los precios y la calidad son algo más inferiores y el precio de venta está entre uno y dos euros menos por kilo. La fabricación propia no puede terminar abasteciendo solo a tu tienda, se ha de intentar vender al por mayor, aunque en principio solo sea en la misma ciudad. O mirar de poner otros despachos de venta con gran variedad de nuestros productos, para la venta por kilos. Las pastas que elabores para vender detallando por kilos, las puedes presentar en bandejas de plástico con capacidad para unos cinco kilos, a la vista del público, que sirvan como exposición y para la venta. Aquí no meten las manos los clientes, es la dependienta, la que pone lo que señala el cliente, y esta a su vez las ponen en bolsas y a la báscula. Hay otra forma para que elija el cliente, que estas estén envueltas individualmente.

LA FABRICACIÓN, CON MAQUINARIA O ARTESANAL. 176

En el tema artesanal no voy a entrar, porque para abocarse a él ha de ser uno mismo muy especial. La especialidad artística en cualquier gremio cuesta más tiempo de fabricar, y el consumo masivo se consigue con maquinaria y trabajando en serie. Yo, cuando pienso en la fabricación, no desligo la maquinaria de la idea, una máquina puede producir grandes cantidades de cualquier cosa y abaratar los precios, por la menor necesidad de mano de obra

FABRICANTE DE PAÑUELOS. 177

Conocí a un representante de pañuelos que se recorría toda la geografía española vendiendo sus fabricados, llevaba un gran muestrario bien surtido. Me explicó que la empresa era suya y la llevaban en familia, con alguna empleada para las máquinas de coser. Se desplazaba a Italia para buscar piezas de tejidos de coloridos y estampados que en España no encontraba, pero algunas telas las compraba en Cataluña, donde se pueden encontrar bastantes fábricas de tejidos. Con las unas y las otras, fabricaba pañuelos de todas clases. Ahí tienes un fabricante con poca maquinaria. Algunas máquinas para coser y otros trabajos necesarios, una prensa para un cortado perfecto de las telas y algunas otras pocas herramientas indispensables.

FÁBRICA DE CAMISAS DE CABALLERO. 178

La fabricación de camisas de caballero no es complicada. Se adquieren o encargan los patrones de las camisas en un taller especializado y, según salgan nuevos modelos, siempre estarás a la moda, si vas renovando estos. Las telas se compran bien en Cataluña. Con una prensa de precisión y con los troqueles adecuados a cada talla, se cortan perfectas. Algunos, para empezar, las cortaban a mano, con plantillas hechas de chapa, las de cartón no valen, porque a los pocos días se van reduciendo por la pasada de la cuchilla. Una camisa puede llevar, según sea el modelo, de ocho a doce piezas aproximadamente y cada pieza lleva su troquel o plantilla, salvo las que son piezas gemelas; en estos casos el corte de la tela se hace volviéndola del revés. Luego se cortan y cosen en el mismo taller, y cuando hay muchos pedidos, dan trabajo externo a modistas de camisas profesionales, en sus domicilios.
A estas maquinistas que cosen camisas, se le da el trabajo, y se les paga a tanto por camisa. Una vez cosidas, los botones y los ojales se hacen a máquina en el taller, a no ser que estas trabajadoras tengan la máquina adecuada para ojales y botones. Finalmente, se ponen las etiquetas correspondientes del tejido, así como de la marca y el número de talla. Con respecto al planchado, el cuello se humedece con agua y almidón, o el producto líquido endurecedor que haya en

ese momento. Los números de talla y las etiquetas se compran en otras fábricas que se dedican a esto. Al terminar, se doblan y sujetan con alfileres, se les pone una tira de cartón dentro del cuellos, para que estos no pierdan rigidez, y se envuelven en papel celofán. Luego se meten en cajas de cartón, con parte de la tapa de papel de celofán transparente, y se marca en el exterior de las mismas el número de artículo, la clase de tejido, la talla y color, que puede ser un número. Las cajas se encargan a talleres especializados, con la marca y el anagrama de la empresa. Estas cajas terminadas, se colocan en el departamento de mercancía terminada, para efectuar el empaquetado de pedidos. Esta explicación puede servir como ejemplo para cualquier actividad.

DISTRIBUCIÓN A LAS MAQUINISTAS. 179

Para que no haya confusión de las piezas al coser, se deben agrupar varios pedidos por tallas o colores unificados. Una especie de trabajo en serie. A una maquinista a domicilio se le dan todas las camisas de la misma talla y, si es posible, hasta los mismos colores para que su casa se convierta en factoría, tanto por la rapidez como en el trabajo bien hecho. Evitará que no confunda las piezas de un número con otras, por ser del mismo color. Para empezar a fabricar camisas o cualquier otra pieza con menos medios económicos, compras una camisa nueva, la descoses pieza por pieza, las planchas, haces unas plantillas de cartón o cartulina, y después las haces de chapa de cada pieza. Cortas una camisa según la plantilla, la coses, y habrás fabricado una camisa. Es la idea más fácil para probar. Para averiguar el costo de la tela, pregunta en una tienda de tejidos el precio por metro de la que te parezca bien para el caso, descuéntale 40% al precio que te dicen, y tal vez se aproxime al precio de compra en fábrica. Las telas las comprarás a representantes que te visitarán, si llamas a las fábricas. Los listines telefónicos de Hojas Amarillas de cualquier provincia te informarán, antes de desplazarte. Cada fabricante de tejidos tiene sus especialidades de fabricación.

LOS PEDIDOS SE FABRICAN POR ENCARGO.180

Ya ves que te hablo de pequeñas fábricas. Por lo general se tienen piezas de tela en stock y, según se reciben pedidos sobre muestras de tejidos y numeraciones o tallas, se van pidiendo más telas del mismo modelo; tienes que tener en cuenta que a veces puedes pedir un modelo de tela que ya no fabrican. Por este mismo sistema de fabricación, igual puedes fabricar faldas de señora, pantalones, o algunas otras piezas de ropa de vestir. Todo es empezar. La inteligencia y los cálculos han de estar presentes en el negocio. Cuando se van cortando telas para fabricar camisas, ya han sido vendidas por encargo. Cuando se trabaja sobre pedido, el riesgo es relativo. Después se factura el pedido y se gira el pago en el tiempo que se haya convenido con el comprador. Lo importante es que se dedique una persona del equipo a vender por las ciudades más convenientes y que, cuando termine la campaña de ventas, haya pedidos suficientes para que el taller trabaje todo el año. Para liquidar los restos de telas que queden al final de temporada, se lleva ese tejido en el muestrario hasta que se venda. También se puede fabricar en serie, con los restos de telas en plan competitivo, a precios ajustados, y solo las tallas más vendibles. Una novedad perjudicial en este gremio es que se traen mucha ropa fabricada en países asiáticos, donde se compra muy barata y la calidad no puede ser peor. Se habrá de competir con calidad media o superior, para no caer en la trampa de la competencia barata. Italia es buena competidora en artículos intermedios, de calidad y precio.

LAS VENTAS, LA PARTE MÁS IMPORTANTE DE UN NEGOCIO. 181

Hay fábricas que tienen representantes como empleados que, cuando terminan la ruta, vuelven al trabajar en al taller. En otras, las ventas las hacen comisionistas, en tanto que en otras son los mismos empresarios que dedican algún tiempo a viajar y traer buenos pedidos. De una u otra manera, el apartado de la venta es prioritario, ya que sin ella la fábrica, por pequeña o grande que sea, no podría existir sin pedidos.

LA IMPORTANCIA DE LAS FERIAS DE MUESTRAS. 182

En las ciudades importantes de cualquier país industrial se celebran ferias de muestras, con la exposición de diferentes productos, durante algunos días del año. Están especializadas por gremios, algunas son de maquinaria agrícola, de juguetes, de joyería, del mueble, de maquinaria de hostelería, de pastelería, de cerámica, de marroquinería, del vestido, de la confesión, etcétera. Quiero decir con esto que, si te decides a ser fabricante, antes de comenzar debes visitar ferias de muestras de varios tipos, como también la de la maquinaria correspondiente. Te pueden informar sobre la fecha y la ciudad en las que se realizan cada una de ellas, en la Cámara de Comercio de cualquier ciudad. Pide información, en estas oficinas te atenderán muy bien. En estas se suelen agrupar personas que quieren visitar ferias y hacer el viaje en autobús o en tren. El viaje puede ser de un día y suele salir económico. Los lugares en los que más frecuentemente se realizan en España son: Barcelona, Madrid y Valencia, además de algunas otras ciudades españolas. También se realizan en el ámbito internacional en otros países. Las ferias duran pocos días, algunas no llegan a una semana. Ferias del mismo gremio, se alternan para ponerlas dos veces al año en distintas ciudades. Las visitas a las ferias de muestras y a las de franquicias incrementarán tus conocimientos en un buen grado, y puede que descubras el negocio en el que no habías pensado.

EXPÓN TUS FABRICADOS EN UNA FERIA COMO FABRICANTE. 183

Las primeras ventas las puedes comenzar exponiendo tus productos en una feria. Exponer tus artículos te servirá de laboratorio de pruebas, como nuevo fabricante. Tu exposición en la feria de muestras tiene como objetivo mostrar tus productos y vender al por mayor a comerciantes que, a su vez, han de volver a vender. Según qué artículos fabriques, puedes hacer buenas ventas a fabricantes cuyos artículos sean complementarios de tus productos.
 Ejemplos: fabricas botones, hebillas y otros para la ropa de vestir. Asimismo, puedes venderle a mercerías, almacenes mayoristas y a fabricantes de vestidos. Si fabricas cinturones, te pueden comprar comerciantes de marroquinería, tiendas de cualquier otro tipo, que

igual venden cinturones. La sorpresa puede ser que una o más fábricas de vestidos de señora quieran adaptar algunos de tus modelos de cinturón a los vestidos que fabrican, y que estos pedidos sean considerables, ya que pueden fabricar miles de vestidos por modelo y talla. Este caso se suele dar bien en la feria del vestido de Barcelona. También te pueden salir pedidos para el extranjero.

En una feria de muestras todo es posible. Como experimento puedes preparar solo muestras y acudir a una feria para exponer tus artículos como fabricante, aunque aún no lo seas legalmente, ya habrá tiempo de legalizarte mientras te instalas. Con cualquier artículo que quieras fabricar puedes hacer algo parecido, claro que si tienes un aluvión de pedidos has de tener prevista la fabricación, a no ser que compres productos ya fabricados, lo que no sería ningún invento, ya que son muchos los que venden y no fabrican. Todo es cuestión de pensar y pensar.

DEPARTAMENTOS EN LAS FERIAS DE MUESTRAS.184

Estos pueden ser cerrados o abiertos. Cuando se contrata un departamento o espacio en la feria para exposición, este se acuerda unos meses antes de que se produzca el certamen. Se convienen las dimensiones necesarias, y sin son cerrados o abiertos. Hay un grupo de empresas de servicios que colaboran para el alquiler del mobiliario, como pueden ser mesas, sillas, enmoquetado del suelo, etcétera. Al explicar a la dirección de la organización de la feria lo que necesitas de espacio para exponer tus artículos, esta te hará el presupuesto correspondiente. Una mesa y cuatro sillas y lo que sea necesario, muchos expositores los llevan ellos. La organización de la feria alquila cuantos servicios requieras de esta. El importe quedará abonado con bastante antelación. Algún tiempo antes del montaje se presenta uno en la feria a pedir el lugar que le haya sido asignado y que de antemano se tiene pagado. La empresa expositora llevará consigo su publicidad mural, estantes desmontables o el material que crea conveniente para exponer sus muestrarios. Conviene llevar algunas herramientas de mano. En el presupuesto a pagar están incluidos todos los servicios que ofrece la feria, como vigilancia, limpieza y demás servicios comunes. No estará incluido el servicio de señoritas para atender tu departamento si lo necesitas, que también pueden ser contratadas. Hay vigilancia general para toda la feria dentro del presupuesto. Terminada esta, cada asistente recoge sus menesteres, y a casa con sus notas de pedido. Es conveniente saber que la distribución de los locales se hace después de acordado su alquiler, ya que son naves diáfanas y su distribución hay que regularla. Se acoplan con arreglo a las dimensiones pedidas por cada empresa. Alguna vez tienen un plano con los locales, y su precio por ocupación para esos días.

LA ENTREGA DE LOCALES EN LAS FERIAS. 185

A partir del día que comienza la entrega de los departamentos es conveniente acudir y hacerse cargo del asignado porque si estos son pequeños, tal vez se vayan adjudicando según se van haciendo cargo de los mismos los expositores, y si se llega el ultimo a la entrega, puede que te den el más alejado del centro rotatorio del publico visitante. Lo mejor, saber a partir de qué día se hace la adjudicación del espacio, y ser de los primeros. Al comienzo de la entrega de los locales es bueno estar el primer día, presentarse y hacerse cargo del mismo, haciendo constar el tipo y número del local adjudicado, para que no pueda ser cambiado si uno no está presente los días posteriores, hasta el certamen.

Una vez que se tiene el sitio elegido, si hay mucho tiempo antes de la exposición, se colocan en las paredes nuestra publicidad. Se espera ese día a que cierren el recinto para que no haya tentaciones de cambio u ocupación por despiste. Si es un local abierto es recomendable dejar un cartel bien grande y claro de la empresa que lo tiene adjudicado, ya que podría instalarse cualquier otra "por error". Si el local es cerrado, la puerta tendrá llave pero, aun así, se debe poner el cartel. Toda la información que necesites para cada feria en particular, la puedes encontrar en las Cámaras de Comercio de tu ciudad, y una vez en el recinto, la oficina de administración de la feria. Las visitas a las ferias son muy rentables para los comerciantes, por lo que se aprende de diferentes actividades.

TRASLADO DEL MUESTRARIO A LAS FERIAS. 186

Si empiezas con artículos de poco volumen, las muestras las puedes llevar en un vehículo; si fueran mayores, las puedes facturar. Como personal colaborador puedes llevar a quien quieras, tanto para el montaje como para la venta. Dos o tres personas serán suficientes para traerte unos buenos pedidos y servir en las fechas que se acuerden.

LOS PEDIDOS. 287

Se anotan como cualquier otra venta al por mayor. Lo más importante para el vendedor es que no se equivoque en el número o serie del pedido, ni en el color, tamaño, o numeraciones y cantidad, ya que un error en la anotación del pedido puede ser suficiente para que cuando llegue el artículo a su destino el cliente no lo admita, por no corresponder a lo que pidió. Se anotará igualmente la forma de pago, que generalmente suele ser fraccionado a 60, 90 o 120 días, tras la entrega de la mercancía. . En las compras al contado, al recibo de la mercancía, el comprador hace la remesa del importe de la factura, o mejor sería que te den su número de cuenta, a la que le cargarás el cobro. A estos pedidos de contado se les hace el descuento de tres por ciento por pronto pago.
Los grandes almacenes no se conforman con menos del 10% de descuento, aunque lo paguen más tarde, claro que los pedidos suelen ser considerables. También se ha de poner si el pedido es a portes pagados, los que pagará el vendedor al facturar el pedido, o si es a portes debidos, los que pagará el comprador al recibo de la mercancía. Se debe poner la fecha de entrega de la mercancía.
A veces es conveniente servir la mitad del pedido y al poco tiempo el resto, de esta manera se pueden atender muchos pedidos. Un inconveniente: si el comerciante no ha vendido bien el artículo ofrecido, y solo ha recibido la mitad de este, puede anular el resto que le queda por recibir.

TERMINADA LA FERIA. 188

Al llegar a casa después de haber estado en la feria, y antes de ponerte a fabricar los pedidos, llevas una lista de los clientes que no conoces al banco, para pedir informes. Una vez que tienes los informes, a los que no pagan con normalidad los eliminas, y rompes los pedidos. Anota y guarda los informes bancarios, tal vez los necesites en otra ocasión.

LA IMPORTANCIA DE LA PUBLICIDAD. 189

Para acudir a las ferias es bueno hacer catálogos del muestrario con tu logotipo, e ir entregando uno a todas aquellas personas que nos visiten, que le interese el artículo; aunque ese día no compre tal vez vuelva otro día. Según de qué artículo se trate, se deben llevar diferentes muestras, para que anime a los posibles compradores. Los comerciantes de provincias que acuden a las ferias, unos van solo un día y otros varios. Un comprador que tiene un comercio grande o varios, necesita más tiempo para ver artículos y decidir sus compras. Otros no compran, se llevan tu publicidad, y cuando menos lo esperas te llaman por teléfono y te hacen un pedido, aunque estos son los menos. Es bueno pedir el nombre y la población de los visitantes, o la tarjeta de su empresa, tal vez tu representante pueda visitarles.

UNA FÁBRICA NECESITA REPRESENTANTES. 190

Para que la fábrica no pare de trabajar, se necesita un representante que no pare de vender por toda la provincia o por toda la geografía española o del país en el que vives, o por los lugares que te puedan interesar. Los representantes se pueden conseguir por medio de anuncios en los periódicos. También podrías escribir una carta a todos los colegios de representantes de España, o del país o la región en el que quieras que se vendan tus artículos, pidiéndoles que sean tan amables de poner en el tablón de anuncios una nota, en la que solicitarás representantes para tus artículos en esa zona. En la nota incluirás tu teléfono y dirección, para que te puedan llamar las personas interesadas. Si el negocio lo requiere, se puede poner un empleado que salga a vender y haga las rutas más convenientes.
Organizar las ventas es muy fácil para un representante profesional o cualquiera que se dedique a las ventas, todo depende de las necesidades de cada empresa. A los representantes por libre se les suele pagar una comisión de entre 10 o 12% sobre las ventas, ya que están libres para poder vender otros artículos que no sean iguales o parecidos a los nuestros. En las comisiones a representantes no hay

nada decidido, ya que cada producto puede ser diferente por su precio y tamaño.

TODO LO QUE SE PACTE EN LAS VENTAS. 191

Todo lo que se habla en la venta se anota en el albarán de pedido, de la que se le deja una copia al comerciante comprador, otra es para la fábrica y otra para el representante, teniendo el cuidado de que el comerciante firme el pedido antes de arrancar ninguna hoja del bloc, para que quede impresa su conformidad e compra. La hoja superior del bloc de pedidos es para el fabricante (lleva el original de la firma), la siguiente para el cliente y la otra queda fija en la libreta, con la cual se queda el representante. Es bastante frecuente que no firme el pedido algún buen cliente. Pero ahí queda tu proceder. Si es un cliente serio no será necesario que lo firme.

ANTES DE DECIDIR EL ARTÍCULO QUE QUIERES FABRICAR. 192

Deberás dar una o varias vueltas, visitando grandes almacenes, e ir mirando artículos similares que te gusten para tu idea, y ese día habrás aprendido mucho. También te debes informar sobre los costos de las materias primas, comprar material para hacer los muestrarios, y calcular el costo de fabricación de cada artículo. Cando se trata de fabricar con maquinaria, los costos se reducen bastante.

¿QUÉ BENEFICIOS LE CARGARÁS? 193

Has de calcular el costo del producto y tiempo de fabricación, además de la proporción de los gastos generales. Todas las informaciones que tengamos de artículos similares serán importantes. Si ves en un comercio un producto similar a lo que tú vas a fabricar, y que el precio es de 100 €, piensa que ese artículo, el comerciante lo ha comprado por 60 €, más o menos. Al venderlos al fabricante, tubo gastos de transporte y de pago de comisión al representante, que tal vez fueron de 15% sobre los 60 € comentados como valor de venta. Los productos que has visto en el comercio por

100 €, como mucho, lo habrás vendido por 50 € netos, más o menos. Si trabajas con unos beneficios de 20%, ya tienes una pista para saber cuánto ganas en ese producto.

Todas estas explicaciones teóricas son muy cercanas a la realidad, ya que los conocimientos exactos se obtienen sobre la práctica de la elaboración del producto. Con esta forma de hacer cálculos podemos orientarnos. Si pensamos, por ejemplo, en fabricar plantillas para el calzado, que es un producto muy bajo de precio, del que puede haber muchos y diferentes modelos, el beneficio puede ser muy pequeño en cada par.

El sentido de este negocio quizás radique en tener todo automatizado, hasta el extremo de que el personal empleado sea el mínimo, ya que la mayor parte del trabajo puede realizarse con maquinaria. Como clientes para este negocio, se pueden tener fabricantes de calzado y comercios, y otros, en pequeñas cantidades.

FABRICACIÓN DE PRODUCTOS ALIMENTICIOS. 194

En la alimentación, los productos perecederos siempre se trabajan con más beneficio, por el riesgo consecuente de las pérdidas que se ocasionan. Si los productos son envasados, fabricados en serie y automatizados, los márgenes de beneficio pueden ser inferiores, pero por el gran volumen de ventas que se ocasiona, son superiores. La gran producción y el poco tiempo empleado en producirlos mejoran la calidad y el precio, de cara a la competencia que pueda haber en productos similares. Todo esto no quiere decir que con un solo producto te hagas rico y con otro no. Lo que se puede ganar depende del momento, del producto y de la inteligencia del organizador. Cada producto que se fabrica hay que estudiarlo detenidamente y con atención, ya que es en ese momento cuando se planifica la batalla; no vale solo con decir: "Lo vendemos igual que aquel que hemos visto", si eres habilidoso, tal vez fabriques un producto o artículo con bastante beneficio, y lo vendas a un precio inferior al de la competencia. De lo que deberías estar convencido es que lo que haga otro lo puedes hacer tú, igual o mejor, todo es poner manos a la obra.

LOCALES O NAVES PARA TALLERES O FÁBRICAS. 195

Depende del volumen de negocio. Para un pequeño taller, a veces es suficiente con un local económico en cualquier parte de la ciudad, que tenga los servicios correspondientes, como agua y electricidad, que el municipio no ponga objeciones para instalarlo, que tenga buenos accesos para los vehículos y que la comunicación de transporte público sea buena, por lo de tener un servicio para los empleados. Estos locales o naves hay que procurar que sean algo mayores de lo que realmente se necesita, ya que si el negocio funciona bien, pronto habría que trasladarse a otra nave mayor. En zonas industriales se puede encontrar de todo, en alquiler o compra. Es importante pensar en lo más práctico, que tengan buena comunicación general y servicios necesarios de toda índole.

NAVE EN PROPIEDAD. 196

Si vas pagando un alquiler de una nave o de un local, nunca será tuyo. Habrá que sacrificar la distancia o el lugar alejado de nuevas construcciones, para poder comprar la nave y pagarla en veinte o más años. De momento, pagarías mensualmente cuotas algo más altas que el alquiler.
El alquiler lo pondrías como gasto y el préstamo también, y todo tiene sus deducciones como gastos en la declaración de la renta. Al final de los años, que parece que no van a llegar pero que llegan, te encontrarás con una nave que te valdrá una fortuna y te vendrá de gran ayuda para tu jubilación. Se suele decir: "Con lo que tengo me puedo jubilar", cuando te jubiles, no tendrás los ingresos que tenías en activo. Después, cada día ganarás menos, aunque tengas buenos ingresos. En activo nos acostumbramos a obtener buenas ganancias, y cuando te jubilas solo tienes pérdidas, los ingresos aminoran y los gastos siguen su ritmo, por el hábito de vivir bien.

LOCALES INDUSTRIALES PARA VENTA AL POR MAYOR. 197

Los locales dedicados a la venta al por mayor han de ser lo suficientemente aptos para el buen desarrollo del negocio que se va a instalar. Es necesario, además, que disponga de aparcamiento cercano al almacén. Son muchos los compradores que acuden a estos establecimientos en vehículo, por lo que se debe tener previsto un fácil aparcamiento. Los clientes de este negocio no van de escaparates, a perder el tiempo, como lo hacen los de la compra al por menor. Estos comerciantes se pueden alejar del centro de la población para ir a comprar a los mayoristas, si el tiempo que invierten no es excesivo, si no es así, se buscarán el establecimiento mayorista más cercano y más cómodo.

Las ventas al por mayor funcionan con representantes fijos en la empresa. Estos salen todos los días de visita a clientes, y a buscar otros que aún no lo son, para que la venta sea continuada y este negocio pueda existir. Este tipo de almacenes les venden directamente a los empresarios, cuando estos tienen necesidad de un artículo con urgencia, o cuando los talleres o fábricas no están cerca. Otros que ofrecen servicios de consumo diario (talleres o autónomos de electricidad, del automóvil, fontaneros, albañiles, etcétera) deben estar en lugares de fácil y rápido acceso. La hostelería también se suministra, en gran parte, de mayoristas de alimentación.

¿DÓNDE COMPRAN LOS MAYORISTAS? 198

Estos lo hacen en fábricas, directamente, a pesar de que estas también tienen su red de representantes. Compran bien, ya que cualquier oferta de venta de determinados artículos que esta tenga en stock o necesite sacar con rapidez, el almacenista en persona lo ve, y hace el negocio con velocidad.

La compra al por mayor se hace en firme y, por lo tanto, al ser de una cantidad considerable de dinero, la gestión no se suele hacer por teléfono, salvo en artículos conocidos y estandarizados. En estos tratos entran en consideración el tiempo, la manera de ir sirviendo esa mercancía, la forma de pago, los portes y embalajes, etcétera, y suelen ser ventas considerables. Los mayoristas también compran a importadores o importan ellos mismo desde otros países-

VENTA DIRECTA DE FÁBRICA, SIN SER FABRICANTE. 199

Cuando acabé el servicio miliar voluntario en determinado cuerpo de acción, mi hermano mayor me preguntó:
"¿Qué piensas hacer ahora?", me sugirió: "¿Por qué no pruebas el gremio de la venta de calzado?" Le dije que probaría. Me puso en contacto con un señor de Elche (Alicante), me presenté en su casa. Me recibió en su despacho, y pensé "será fabricante y tendrá el taller en otro lugar". Al día siguiente lo acompañé por varios talleres de calzados, y fui descubriendo que no era fabricante. En ese pueblo, como en muchos otros de esa región, existen pequeños autónomos de todo tipo de negocio, hay pequeños fabricantes, especializados en calzado de caballero, de señora, de niño o bebé, hay almacenes pequeños y grandes de pieles, de plásticos para el calzado, de plantillas, de suelas de tacones, de maquinaria para estos, de talleres de reparación, patronistas y modelistas, fabricantes de bolsos, almacenes de herrajes para bolsos, zapatos y de todo cuanto está relacionado con la fabricación, etcétera. Es un grandioso mundo industrial. Como decimos, se puede vender como fabricante sin serlo.
Esto es un ejemplo de que cualquier artículo se puede negociar con el método del señor de Elche. En esta comunidad son verdaderos artífices de los negocios, ya que este señor tenía más de sesenta años. Era un negociante que hacía trabajar su dinero con inteligencia. El referido señor me presentaba por los talleres que visitaba, como su representante, y daba orden de preparar para el día siguiente un muestrario de calzado de caballero en uno, en otro, de señora, y en otro, de niño. A los dos días tenía preparado un muestrario completo. Después, facturé dos maletas de muestras en la estación del tren, con destino a Ciudad Real, donde debuté como viajante de calzado. A la salida de viaje me dijo, pasando Madrid: "Puedes empezar a vender por todos los pueblos que creas importantes y hacer la ruta de Extremadura". Ya tenía hecha una relación de los pueblos que visitaría, y, con la ayuda de un mapa geográfico, las cosas fueron marchando. Durante el trayecto leí bien las listas de precios, para estar identificado con ellas y enterado de su manejo. Me dieron un consejo: "Lo que tienes que hacer es

preguntar por el dueño o el encargado en las tiendas que visites, y procurar que vea las muestras".

Por lo que pude deducir con los años, por la ruta que me indicó, era donde menos problemas habría de morosos. Ya que en las poblaciones grandes puede haber de todo, buenos pagadores y de los otros. En las pequeñas poblaciones, y si los comercios llevan muchos años, los comerciantes son muy serios con sus compromisos, y esto creo que es lo que me dijo sin palabra cuando me indicó la ruta a seguir. El demonio es más sabio por viejo que por demonio.

LA PRIMERA VISTITA A UN COMERCIO. 208

Debuté en Ciudad Real, me vieron las muestras y me hicieron el primer pedido. La primera respuesta de los comerciantes cuando ofrecía las muestras era que ya tenían sus proveedores. Había que convencerlos de que este artículo era distinto en modelos y precios, y que con estos artículos que les ofrecía ganarían mucho dinero, y sabrían qué clase de productos llevaba. Insistí todo lo que pude, y al final vieron el muestrario.

Si consigues que el comerciante vea el muestrario, la nota está casi hecha. Me hicieron el primer pedido, y llegué a la conclusión de que había sido para conformarme, o eso es lo que pensé. A las pocas semanas anularon el pedido por correo, de lo que me enteré cuando terminó la ruta. Hoy, un representante de comercio que haya de mostrar un muestrario en ruta por provincias, lo más lógico y rentable es que disponga de un buen furgón y lleve los muestrarios montados en estantes, con buena decoración, para que haga las ventas en el mismo. Debería tener en el furgón, una mesa y varias sillas, un mini-bar, y frigorífico, para invitar a los clientes. Podría llevar cualquier artículo de muestra, por ejemplo, un muestrario de calzado bien amplio, y otro muestrario de bolsos de señora y de viaje. Las notas de pedido serían buenas, y los beneficios sustanciosos. Un muestrario a la vista es un flash instantáneo que produce su impacto.

Lo importante para cualquier representante es que el comprador vea las muestras, o dedique un tiempo a ver catálogos y precios de los artículos en venta. Una vez que tiene las muestras a la vista, es muy difícil que se resista a elegir alguna. En el calzado, el pedido universal es de 12 pares por modelo, y un mínimo de modelos por numeraciones y colores diferentes, puede ser un buen pedido. De los números más vendibles se anotará más cantidad. Después, cada modelo admite modificaciones y distinto color. En el calzado de señora, el surtido puede ser bastante más amplio. Además de la cantidad de colores, se encuentran en hormas anchas o estrechas, en distinta altura de tacones, etcétera. Pasados algunos años, instalé un comercio de calzado, bolsos, maletas y marroquinería en general, y al poco tiempo puse un taller para la fabricación de cinturones y bolsos de señora, para la venta al por mayor por toda España. Como puedes ver, se comienza por poco y se termina por mucho. Ahí descubrí el funcionamiento de las ferias de muestras, por mi asistencia a estas para conseguir ventas y clientes.

COMERCIO DE CALZADO Y MARROQUINERÍA. 209

Una tienda de zapatos es un negocio que puede ir marchando y, si no eres muy hábil comprando y vendiendo, a los pocos años podrás llegar a ser millonario en zapatos pasados de moda. No todos los modelos se venden en su conjunto, siempre quedan pares sueltos que no se vendieron y se fueron almacenando, los cuales, con el tiempo acaban por llenar el almacén. Lo más práctico es ir eliminando con rebajas los pares sueltos, para que no los tengas toda la vida, o bien los dejas, y un día llamas a los vendedores de mercadillos, y admites lo que te quieran pagar por ellos.
El calzado, sobre todo el de señora, además de gustar, tiene que resultar cómodo. Un asunto bien difícil de conseguir es vender todo lo que se compra. Son muchos los que quedan sin vender cada año, por la diversidad de modelos, aun así, los de señora son los que más se venden. A estos hay que cargarle buen beneficio, por las liquidaciones con pérdidas. En los artículos de marroquinería, el caso es diferente al del calzado, cualquier bolso, monedero, cinturón, maleta, vale para cualquiera persona, aquí las liquidaciones son minoritarias. Aunque haya artículos que se vendan a precio más bajo, que siempre serán bolsos de señora, el resto de los artículos no necesitan rebajas.
Estos negocios requieren buenos escaparates de cara a los viandantes, y que sean renovados con frecuencia, o al menos que se

les cambie la posición de algunos artículos. El público, cuando ve en un escaparate mucho tiempo los mismos modelos, piensa "ya los he visto", y sigue su camino sin detenerse. Lo que más conviene es ir sacando los modelos poco a poco, y cambiándolos frecuentemente, así el público va asimilando que hay mucho surtido; aunque se juegue con los mismos modelos, la cuestión es que el escaparate tenga su rotación. Cada cambio sirve para la limpieza del polvo de estos artículos y el interior del escaparate.

LOS VENDEDORES EN EL COMERCIO. 210,

Hay emprendedores que no se lo piensan mucho, ponen una tienda de cualquier cosa que conocen y una dependienta, o es el mismo emprendedor el que hace de vendedor. Todo esto está muy bien si las personas que se ponen al frente de esta son conocedoras de las ventas Vender es un arte que se aprende. No voy en contra de las personas que no sean vendedoras, pero para ser vendedor se necesita saber agradar al público y ser capaz de vender lo que no tenía pensado comprar el cliente cuando entró en el comercio. No existen buenos vendedores de un artículo que no que sean capaces de vender cualquier otro. Al buen vendedor lo podríamos definir como el actor o actriz en plena actuación. Con su amabilidad, simpatía y psicología han de ser capaces de vender lo que se propongan. Ser vendedor parece ser que no a todas las personas les gusta (no saben lo que se pierden).

El vendedor, cuando hace una venta, él mismo se realiza y goza, lo podríamos comparar como cuando el futbolista mete gol en la meta del contrario. Un auténtico vendedor puede vender lo que quiera. Recuerdo que en una ciudad española en la que estaban levantando los raíles del tranvía, en una calle importante, un señor buscó a un almacenista de chatarra, lo llevó al sitio y le comunicó que él estaba encargado de su venta pero que dependía de la comisión que obtuviera. Cobró una cantidad de comisión, fue descubierto por el engaño, y terminó en la cárcel. Otra venta famosa fue la de un tranvía en Madrid.

El argumento de este vendedor fue hacerle ver a las pobres personas a las que estaba engañando las buenas recaudaciones diarias que se hacían. Incluso le preguntó al conductor que cómo iba el día, y este respondió que bien. Estas cosas solían ocurrir en aquellos tiempos de menor cultura, y reprochables para cualquier persona de bien. Lo que no hay que poner en duda es que eran buenos vendedores, aunque fueran verdaderos pillos.

EL DEPARTAMENTO MÁS IMPORTANTE DE UN NEGOCIO. 211

El departamento más importante en un comercio puede ser el de las ventas. El emprendedor no ha de poner en el puesto de vendedor a un empleado cualquiera. Si lo quieres resolver con una persona desconocedora de las ventas, la repercusión en la marcha del negocio no se hará esperar. Un buen vendedor puede hacer a la empresa millonaria. Fabricar un artículo, casi lo puede hacer cualquiera, y si es con maquinaria moderna aún más, pero ¿quién vende la producción?, ahí está el quid de la cuestión, en producir ventas.

Una persona con mal carácter, amargada o con mal semblante y antipática, que no sabe sonreír, hará que fracase la empresa. Por eso, un buen vendedor por muy bien pagado que esté, nunca será caro. Si las ventas queremos resolverlas con un familiar, sea un hijo o nuestra esposa, deberemos concienciarnos de que esto no es un juego o entretenimiento de familia, esto hay que tomarlo como lo que proyectamos, un negocio para ganar dinero, y cuanto más seguro sea, mejor.

¿Cómo lo resolvería para asegurar ese proyecto? A esa persona que se ha de encargar de las ventas, le haría hacer un cursillo de vendedor en alguna escuela, o le buscaría un trabajo de vendedor o vendedora en cualquier comercio, para que hiciera prácticas, aunque tuviera que pagar por ello. Ese gasto sería el más rentable para el negocio.

CAPÍTULO 6º 212

INSTALACIONES Y REFORMAS EN GENERAL DE ALBAÑILERÍA Y SANEAMIENTO. 212

Suministros de mobiliario y acondicionamiento del hogar. El objetivo de este proyecto será crear una empresa de venta de mobiliario para el hogar, saneamiento, y reparaciones en general a domicilio. Siendo el fuerte las reformas del hogar y de locales comerciales, sobre albañilería, fontanería, electricidad y otros anexos. Este negocio no es ningún descubrimiento que nos saquemos de la manga, es una forma de ganar dinero como cualquier otra impuesta en cualquier lugar del mundo. En todos los negocios que proyectemos, la ilusión y la fuerza de voluntad serán determinantes para conseguir el éxito. Este negocio puede comenzar con un local y una dependienta bien aleccionada de los servicios que presta este negocio. Un oficial de albañilería otro de fontanería, y un peón. Seguramente se puede empezar con mucho menos como que trabajen estos técnicos por su cuenta sin darse de alta, y tener los mínimos gastos.

El comienzo de este negocio se puede hacer con un oficial de albañil, que en su momento colabore con el técnico fontanero, y este, a su vez, con el albañil. Si este negocio lo instala uno de estos profesionales, necesitará otro técnico como empleado o asociado, para hacer la pareja ideal, al ser complementarios el uno del otro. Estos serán los pilares básicos para que este tipo de empresa funcione con eficacia. Cada uno de estos oficiales colaborará y ayudará en todo cuanto se realice en cada trabajo con el otro, hasta que los dos dominen los dos gremios. También pueden ser dos personas asociadas, una de cada gremio. La unidad hace la fuerza, que es una de las bases del éxito. Esta puede ser una idea para comenzar, y que seguidamente se necesiten más empleados.

PLANIFICACIÓN INICIAL DEL LOCAL DE EXPOSICIÓN. 213

Hay quien puede decir: "Bueno, no hace falta ningún local para hacer reformas u obras, lo que se necesita es saber hacer los trabajos". Por supuesto que es básico ser profesional, y todo está

muy bien, pero el tiempo que se pierde en hacer facturas, presupuestos y enseñar materiales recaerá sobre la dependienta, y la buena suerte puede ser que la tienda tenga trabajo suficiente para que esta no pueda hacer los trabajos administrativos. Esto se suele resolver con algún empleado de banco, o cualquier otro que haga trabajos de oficina, que tenga las tardes libres y quiera hacer el trabajo con unas horas por la tarde. .Si tenemos un lugar de referencia, en el que se puedan recibir encargos y llevar la administración del negocio, también se evitará así que los técnicos dejen lo que llevan entre manos, para atender a los clientes y dar información. Es necesario tener una persona que les pueda explicar a los clientes cuanto pregunten sobre el tema.
Una buena información no se puede dar si no tenemos el lugar adecuado, como un comercio especializado, en el que pueden ver materiales y otros elementos convencionales, para conseguir ese trabajo de un futuro cliente. Si estos están bien atendidos e informados de lo que esta empresa puede hacer, la empleada que da la información se gana el sueldo, además de que con la captación de esos visitantes como clientes, también se hacen ventas suficientes para el comercio, por lo que, en lugar de ser una carga de gastos, se convierte en una fuente de ingresos.

LA DEPENDIENTA EN LA TIENDA. 214

La persona que recibe a los posibles clientes puede que no entienda de materiales de construcción pero es de todo punto necesario antes de comenzar el negocio enseñarle a identificar los materiales y toda clase de artículos que se van a negociar en este establecimiento. La dependienta (por supuesto buena vendedora) deberá estar unos días con estos profesionales mientras se hace el montaje del local, colaborando en todo momento, y enterándose de cada artículo que se expone. Acabará conociendo lo que hay para vender, los precios de todo cuanto los trabajos que pueden realizar por los técnicos de esta empresa.
La misión de la dependienta será la de plantearle al cliente los servicios que puede prestar esta, y convencerlos para que hagan su encargo en este establecimiento. Esto es muy fácil de decir, pero esa dependienta ha de ser "vendedora" profesional, y si no es así el

negocio funcionará regular. Si la dependienta gana una comisión en las ventas, aparte del sueldo, de todo lo que sea negocio para esta empresa, habrá más seguridad de éxito, a no ser que sea participante de alguna manera en el negocio. El vendedor tiene una misión, vender y vender, y esta persona será la que acordará la visita al domicilio de los clientes, para que el técnico pueda valorar el trabajo y poder preparar el presupuesto.

VISITA DEL TÉCNICO PARA VER UN TRABAJO. 215

Es completamente necesario prever unos horarios que no interfieran el trabajo del técnico. Se organizan las visitas de ver trabajos, todas, o las que se puedan, para un día determinado, procurando el horario que más convenga al técnico y al cliente. Dicen algunos albañiles y fontaneros que se pierde mucho tiempo en ver trabajos, y que no todos terminan como trabajos encargados. Pero está bien claro que si no se va a ver ese trabajo no hay oportunidad de conseguirlo. El técnico acudirá a ver los trabajos con algunos catálogos, además de libreta, metro, y demás, imprescindibles para tomar medidas y hacer cálculos. Los catálogos de materiales venden tanto como las palabras. No se puede ir a ver un trabajo sin los catálogos que deslumbren al cliente.

PRESUPUESTOS DE TRABAJOS VISTOS. 216

Aquí viene otro trabajo de los técnicos. Una empresa que empieza no puede hacer presupuestos en las horas de trabajo. Los presupuestos los hará en la oficina de la tienda, y después del trabajo, donde están los catálogos generales y precios de los materiales. Los precios de venta al público son los que regirán para los presupuestos, siempre quedará mejor hacerle un descuento global de los todos los materiales que nos convengan, cuando se hace el presupuesto. Haciendo ver que, como clientes especiales, se les hará tal descuento. Después, cuando haya suficiente trabajo, los presupuestos se podrán hacer dentro del horario laboral que nos apliquemos, teniendo en cuenta que ningún emprendedor que se pone un horario rígido de trabajo crece tanto como el que no pone límite a su tiempo. Por lo general, la suerte está de parte de los que más ponen. Cuando se presenta un presupuesto. Al ser entregado al cliente, se le hace saber la importancia del trabajo, por lo que le hacemos un descuento especial, aunque el trabajo no sea nada importante. Estos presupuestos los harán los técnicos en borrador, para que después los pase en limpio la persona más idónea, dejándolo pendiente, para que el técnico pueda hacer las últimas modificaciones que se puedan producir. Si la dependienta tiene tiempo, porque no tiene clientes a los que atender, en el ordenador puede ir pasando en limpio facturas y presupuestos. La mesa de trabajo de la dependienta deberá estar a la vista del público, para que vean que la tienda no está sola, con una discreta separación del sector comercial, para que el público no se pueda introducir en ese lugar. Un comercio siempre debe de tener alguna persona visible, para que el posible cliente que pasa por delante del establecimiento se anime y entre, porque si no ve a nadie puede dudar de si entrar o seguir su camino.

Los presupuestos para entregar al cliente. En estos dirá los tipos de trabajos y los materiales de cada clase que entran. Ejemplo: (si se trata de reformar un cuarto de baño.) "Levantamiento de baldosas viejas, picado de las paredes, levantamiento del suelo, x €. Retirada de escombros, x €. Transporte de acopio de materiales, x €. Jarrado de paredes y nivelación del suelo, x €. Colocación de las baldosas y materiales necesarios de albañilería, x €. Levantamiento de saneamiento y tuberías, desmontaje de piezas de sanitarias, y su traslado a la escombrera municipal, x €. Instalación de las tuberías o puntos de agua, grifos, llaves y demás piezas sanitarias, como pueden ser bañera, bidet, taza de inodoro, lavabo y demás elementos que se hayan de colocar, x €".El importe de estas piezas puede estar con precios especificados, ya que puede haber algún cliente que quiera un producto de mejor calidad. Con esta explicación quiero decir que hay que poner en el presupuesto cuantas más partidas mejor, aunque sea para cobrar lo que tienes pensado que vale ese trabajo.

COMPRA DE MATERIALES Y MERCANCÍA. 217

Si los materiales mayores, como son la loza y la grifería, los detallas con el precio que tienen al público, ganas, ya que tú obtienes un treinta o cuarenta por ciento de descuento de la empresa que te los suministra. De esta forma está justificado que le digas: "En la loza le hago un descuento de tanto". Los clientes saben lo que valen, por haberlos visto con anterioridad, y la única forma de que le suministres esos materiales es que no sean más caros de los que anuncian los grandes almacenes. Es frecuente que haya clientes que digan: "Los materiales los pongo yo". Este empresario se ha de recuperar de esas pérdidas que ese cliente le causa, subiendo en algo el precio de la mano de obra. No sería bueno decirle: "Mire, en esto, como me hacen descuento, este descuento se lo hago a usted". Esa no es forma de actuar de un comerciante. Lo lógico y elegante es hacerle el descuento por tu cuenta, sin más explicaciones pero en solo una pequeña parte del que a ti te hacen. Cuando era muy joven, oía decir con frecuencia: "El que quiera saber, que vaya a Salamanca", se referían a la Universidad pero también entraba en el mensaje el significado de que cuanto menos expliques de la interioridad de tu negocio, más fuerte serás.

VISITA DEL CLIENTE A NUESTRO ESTABLECIMIENTO. 218

El cliente, desde el momento en que decide hacer alguna reforma, ya ha pensado en comprar o en reponer algún elemento de los que esta empresa tiene para servir. Este establecimiento no se conformará con enseñar solo lo expuesto, se tendrán suficientes catálogos como para conformar al más exigente. El cliente explicará lo que quiere que le hagan, y la dependienta, toda oídos, como sabe todo lo que esta empresa puede hacer, tomará nota de su dirección, teléfono y de las horas más convenientes en las que se les puede llamar para quedar y ver el trabajo. Hay personas con buen poder adquisitivo que prefieren que les hagan el trabajo por administración, es decir, que pagarán todo el tiempo que se necesite, además de los materiales. Los trabajos se harán a su gusto y sin presupuesto. Después, el presupuesto se termina con las condiciones de pago y demás ideas que puedan surgir, como que se haga el trabajo a partir de una fecha aproximada, la forma de pago semanal, y demás términos de un contrato. e le puede presupuestar una cantidad dinero fija y diaria por cada persona que participe en el trabajo, auque hay muchas formas de presupuestar. Este caso concreto, para que el cliente no se lleve a errores, en el contrato firmado, se dirá que esta empresa facturará los materiales gastados y las horas trabajadas, cada semana. Podría ocurrir que dijera, bueno, ya iremos pagando y tal…, esto no estará bien y no se podrá admitir. Se ha de poner fecha fija para el cobro, por semanas o cada diez días, y no admitir otra fórmula. Algunos clientes que nos parezcan muy solventes pueden ser los que no dejen de pagar las facturas más importantes. Un cliente menos poderoso te puede dejar de pagar cinco mil euros, pero uno con más dinero te puede dejar de pagar diez veces más.

PLANTEAMIENTO DE FORMA DE PAGO. 219

Un mal planteamiento al cliente de la forma de pago puede ser suficiente para que ese trabajo no nos lo encarguen.
Si se le exige un anticipo a la firma de presupuesto, y no somos sus conocidos, se pueden asustar, o pensar que se les pueden timar. Se le pone en el presupuesto que una vez que la obra esté comenzada, se efectuará el primer pago, el segundo a mitad de la obra, y el tercero al finalizar. Por lo general, los trabajos de este tipo se cobran como sigue: una cantidad, cerca de un 30%, una vez comenzada la obra y realizado el descombro, sin haberlo retirado, otro 35%, a mitad del trabajo, y el resto al finalizar. El primer pago puede que sea el paso más difícil cuando no conocen a la empresa.

COMIENZA EL PRIMER COBRO. 200

 Cuando tenemos todo destruido, y antes de retirar los escombros, se le presenta el primer pago. Si no lo hacen efectivo es porque no pueden pagarlo o llevaban otras ideas. Entonces se les dice: "Mire, no podemos continuar si no se cobra lo acordado". Es preferible dejar todo desordenado, y no cobrar el primer trabajo, que terminarlo y tener problemas para cobrar. Si has6ta ahí todo va bien, El segundo pago se solicita antes de embaldosar, sin haber, aún, llevado la loza de baño. El pago final, antes de terminar de limpiar, quitar los últimos escombros y retirar las herramientas. Comentario sobre los trabajos de reformas. En este tipo de trabajos salen clientes con los que se puede tener dificultades para cobrar y nosotros, como emprendedores, hemos de estar alerta y adelantarnos al verlos venir con su historia, antes de que nos fastidien. Este gremio tiene clientes que no pagan, por no saberlos elegir o no actuar con inteligencia en su momento clave. ¿Nosotros desconfiados? ¡No!, solo precavidos, por lo que pueda ocurrir.

VALORACIÓN DEL TIEMPO DE TRABAJO. 221

Para valorar el tiempo en ese trabajo se calcula la duración y se pone un poco más, para no hacer corto en los cálculos. Este tipo de cliente que quiere lo mejor, pagará la factura de trabajo y materiales cada final de semana o el día siguiente a esta. Se suman los sueldos acordados, así como todos los materiales que se han llevado a la obra aunque no se hayan empleado. Si te confías en cobrar al final de obra, porque así lo propondrá algún cliente, pondrás en duda el dinero que tiene. Tú, como emprendedor, sabrás donde te metes, ya estás advertido. No toleres que nadie cambie tu programa. Hay empresas que se pueden permitir cobrar a final de obra por su buena economía pero también saben con quiénes trabajan. Hay quien piensa que esta forma de proceder disminuye la categoría de la empresa. Una cosa es el orgullo absurdo que frena el progreso, y otra la energía, la disciplina y la acometividad que hemos de implantar en nuestra empresa. No olvides quitarte de encima, desde el primer momento, a los posibles clientes de los que dudes si van a pagar. Unos porque su objetivo era ese, y otros, porque busquen algún defecto en el trabajo, para tampoco pagar. Siempre hemos de pensar que se corre el riesgo de que al final de la obra, el que menos te imagines, no quiera pagar, aunque aparente tener mucho dinero.

INVERSIÓN DEL NEGOCIO.   222

En principio, está el local y su acondicionamiento, una mesa de trabajo para la dependienta, ordenador y, demás, otra mesa de trabajo menos visible, para preparar presupuestos. Los estantes que se crean oportunos para mercancía También has de colocar materiales en exposición, que se los clientes los puedan compran al contado. No se ha de hacer el ridículo con un lavabo, una taza de váter y poco más, como se puede ver en algunos pequeños establecimientos del ramo; hay que tener un surtido de mercancía para que los clientes puedan escoger, por ejemplo, variedades de loza y otros elementos que llenen los espacios más visibles y que se vean desde fuera del local. Los cálculos aproximados para comenzar este negocio, podrían estar entre los 40.000 y 50.000 €, incluido un fondo de reserva en metálico, que a ninguna empresa que empieza le debe de faltar. En la compra de mercancía hay que ser muy comedido, pues con solo tener muestras es suficiente, ya que se pueden ir reponiendo de los almacenes según se vayan necesitando. Nuestra inteligencia ha de ser la mayor productora de ideas. Se ha de tener una furgoneta para el acopio de materiales, transporte de la herramienta normal de trabajo y otros que diremos.

COMISIONES POR TODO. 223

Cuando se trata de trabajos comprendidos en el presupuesto, como de electricidad, carpintería, pintura o labores de cualquier otro gremio, a estos colaboradores se les explica el tipo de trabajo y se les pide precio. Si el trabajo es difícil de explicar, por lo diverso del mismo, y hay que llevar a ese técnico al lugar donde se ejecuta, te acompañará a este, como si fuera parte de tu empresa, para que vea el trabajo y te dé presupuesto. Hay que advertirle a este emprendedor que te acompaña, que tú responderás cualquier pregunta del cliente, salvo que tu le preguntes. Hay clientes muy astutos que, si pueden, se saltan tu intervención, no lo consientas ni te fíes de ninguno de los dos. Para el cliente, estas personas son de tu equipo, y no debes dejarlos nunca solos con los clientes hasta que no está firmado el presupuesto que incluya el trabajo de ese técnico. El cliente les puede preguntar si son independientes, y tal vez se te pueda venir abajo ese trabajo. Cuando cojas la marcha del negocio será cuando te acompañarán a ver el trabajo otras personas que no sean de tu empresa. El autónomo del gremio al que le solicitaste precio, te dará presupuesto del trabajo que ha visto, al que agregarás al presupuesto general que tu empresa presentará al cliente, con un recargo de un tanto por ciento de ese trabajo, como tu beneficio. Además, ese colaborador te hará una facturación acordada del precio de su trabajo y materiales, el que a su vez te habrá hecho un descuento que no le haría al cliente, y que será otra parte de tus beneficios.

COBRO TOTAL DE PRESUPUESTO. 224

Tu empresa será la responsable de pagarle a los otros gremios, por muchos que intervengan en la obra. Todo el trabajo que se realiza le corresponderá cobrarlo a tu empresa. Cuando es trabajo de colaboración de poco dinero, sabrás de antemano lo que te cuesta el trabajo de cualquier gremio. Un ejemplo, si estás informado sobre el dinero que se cobra el metro cuadrado de un cielo raso de escayola de determinado modelo, ya lo sabes, para ponerlo en el presupuesto has de tener previsto el escayolista que te hará los trabajos. En todos los materiales se cobra un sobreprecio de comisión. Una cosa se ha de tener presente: lo que vale verdaderamente dinero es la mano de obra. Los materiales valen poco, a no ser que se trate de material eléctrico, como pueden ser bombas para agua, compresores, grifería, loza y otros materiales de importancia.

RENTABILIDAD DEL NEGOCIO Y DEL COMERCIO 225

La rentabilidad del negocio puede estar en los trabajos, además de los artículos que se puedan vender. Si desde el principio damos una imagen de tienda de venta, la imagen de comercio hará que entre más público a curiosear.

Después irán viendo, por la publicidad que tengamos, que se pueden hacer trabajos de reformas. El público es muy especial, y hay que hacerle comprender que la tuya es una tienda de venta al público, haciendo ofertas de determinados artículos desde el primer día. Ser un buen comerciante es tan importante como ser un buen albañil. Si tienes diez armarios de baño y treinta en catálogo puedes hacer la publicidad de que tienes más de cincuenta armarios de baño para elegir, y el público que se ha de comprar uno vendrá desde largas distancias a ver qué puede comprar, que le guste y a buen precio.

CENTRO DE PRODUCCIÓN DE TRABAJO. 226

La tienda se puede convertir en un productor de encargos para otros gremios. Ten en cuenta que no debes trabajar haciendo favores a otros facilitándoles trabajo. Si anuncias que se hacen trabajos de electricidad, escayola, carpintería y demás, has de tener contacto con autónomos de esos gremios para facilitarles trabajo, mediante una comisión acordada de antemano. Este sistema puedes explicarlo a los que quieran negociar este tema. Los gastos de la tienda se han de repartir entre los que se benefician. La furgoneta puede valer para el reparto de mobiliario, cobrando un porte, o incluyendo este en el precio de los artículos que vendas directamente, todo dependerá de la cosa a llevar y la distancia. Estos negocios se tienen que valer de todo tipo de ingresos.

ANTES DE INICIAR EL NEGOCIO. 227

No se puede iniciar un negocio sin tener preparados los técnicos y el personal conveniente. En principio, puede estar la dependienta, el jefe que sabemos que es profesional, un oficial de otro gremio, y un peón o ayudante que haga los trabajos de acopio y los movimientos de materiales, y que tenga carné de conducir, ya que será el que se mueva con la furgoneta, cuando se necesite. Si no se dispone de ayuda desde el primer momento, el negocio no arranca con fuerza.

LA PUBLICIDAD TIENE PRIORIDAD. 228

La publicidad puede ser un segundo brazo para el negocio. Empresas de cualquier tipo, y con muchos años de experiencia en el mercado, tienen un presupuesto fijo para gastos de publicidad. Se ha demostrado, que esta forma parte de esa fórmula mágica de la suerte, y para que las ventas no solo no disminuyan sino que continúen aumentando cada día más, y que los ciudadanos nos tengan en su memoria, cuando piensen en algún servicio o suministro, que nuestra casa les pueda prestar. Hay que hacer publicidad en los buzones, con personal del equipo del negocio, para más seguridad del reparto. También se debe hacer publicidad en anuncios por palabras, con bastante frecuencia en el periódico más popular de la región o de la ciudad. En el montaje del negocio, los participantes han de estar unos días antes, ayudando en la colocación de materiales en la tienda. Este negocio debe empezar igual que empiezan las franquicias. Todo previsto para poder ejecutar cualquier demanda de los futuros clientes. La furgoneta debe estar pintada con el logotipo de tu empresa, su dirección y teléfonos. Los vehículos no han de ser necesariamente nuevos pero sí han de estar pintados, para que lo parezcan.

AYUDA DESDE EL PRINCIPIO. 229

Si se necesita ayuda, se busca un ayudante para el fontanero, y otro para el albañil, o uno para todo, siendo los más idóneos, ayudantes u oficiales de segunda o tercera, que son más rentables, por ser conocedores del oficio y con práctica. Además, la diferencia entre el sueldo de un ayudante de un peón y un oficial de segunda tiene poca incidencia en el costo. Elegir a este último repercutiría en beneficio para la empresa, ya que los trabajos se harían en menos tiempo, con más eficacia y garantía.

CAPACIDAD DEL LOCAL. 230

Es recomendable que el tamaño del local no sea menor de 200 m2, si pensamos comercializar suficientes productos que nos garanticen el éxito del negocio. Si no fuese así, con bastante menos local será suficiente. Con un local pequeño tardaremos más tiempo en obtener una clientela, ya que se pierden oportunidades de hacer negocio, al no tener la mercancía suficiente.
En todos los negocios se peca de poco local y nunca de mucho. Si buscas un local pequeño, económico, que esté escondido del tráfico de peatones, es decir, donde no pasen por delante del establecimiento suficiente público y que no haya comercios, se puede tener la seguridad de que no se ganará ni para pagar el alquiler, y se perderá la oportunidad de vender más servicios y más mercancía. Si por delante del negocio pasan muchas personas diariamente, y hay un escaparate, este está vendiendo visualmente a todas horas. Esto se llama en el argot de los negocios publicidad continua. La fachada puede tener un rótulo luminoso, que por medio de un reloj de tiempo se encienda cuando oscurece, y se apague a las once de la noche, más o menos. Este cartel debe verse bien a distancia, publicidad que se convierte en beneficios para el negocio.

DE LA MERCANCÍA PARA EXPOSICIÓN. 231

El emprendedor hará una relación de artículos albañilería y saneamiento de los más usuales o necesarios para exposición y reserva. Como ejemplo, dos bidé de los modelos más vendibles; dos tazas de váter, equipadas con sus depósitos, dos lavabos, de distinto tamaño y modelo, dos lavabos, con mueble incorporado, cuatro espejos, de diferente tamaño de precio (económicos); cuatro espejos, de mejor calidad y precio; cuatro o seis armarios de baño, de distintos modelos y precios, bañeras de chapa o hierro fundido si conviene y de diferentes modelos y precios; veinte grifos, de distintos modelos; dos platos de ducha, de diferentes modelos; dos mamparas de ducha desmontables, completas; varios paneles muestrarios de cerámica. Seguiríamos nombrando materiales para la exposición de la mercancía más idónea. Teniendo presente que en el proyecto que describimos hemos de contar con los suministros de otros gremios que aportarán sus muestras, para completar el muestrario del establecimiento. El técnico de la empresa es el que decidirá lo que se puede tener en exposición, para recibir encargos, y poder venderlos igualmente, para que se los lleve el cliente. No será imprescindible tener por duplicado ninguna mercancía, que podamos tomar del almacén proveedor cuando la necesitemos.

El ver otros negocios del mismo gremio, no quiere decir que haya que copiarlos, ya que muchos se "pasan" poniendo adornos con los que creen llamar a las clientas. Estas, que son las que dominan el hogar, son las que dicen lo que se ha de poner o no, y a ellas, son a las se han de conquistar con un buen surtido de armarios de baño, y un buen precio, (por ejemplo). Si este negocio coloca un calentador de agua en 24 horas, ya tenemos otra publicidad. Hay que pensar en lo que desearíamos para nosotros mismos, y eso es lo que hay que ofrecer al público.

Los materiales que se tienen expuestos, deberán ser los que más se utilicen. Será imprescindible, tener suficientes catálogos para ampliar el surtido, la oportunidad de venta y poder deslumbrarlo con abundantes modelos, que estén en el almacén proveedor para poder retirarlos seguidamente. Al cliente se le predispone a consumir o a hacer encargos, si tiene para elegir. Además de todos los artículos que exponemos, será importante la publicidad que aporten como muestras los proveedores de los diferentes gremios de los que nos suministramos.

ACTUACIÓN DE LA DEPENDIENTA 232

El comerciante o dependiente de comercio debe actuar con verdadera astucia y averiguar la tendencia y la idea de lo que quiere el cliente, y venderle lo que venía buscando. Si no lo tenemos, intentaremos venderle algo que lo sustituya. Las ventas con catálogo son muy comunes en todos los comercios, primero debe ofrecérsele lo que hay de existencias, y, si no se tiene lo que busca, nunca se le deben decir las palabras "no tenemos". Además, debemos hacerles ver que lo que vendemos es de la mejor calidad, y recordarle los buenos precios y servicios que le ofrecemos, y mejores que los que venía buscando. Si el articulo que busca el cliente solo lo tenemos en catálogo y sabemos dónde se encuentra, y el cliente se decide por él, se le dice, un momento, voy a ver si lo tenemos en almacén. Se llama al almacenista, y si lo tienen podemos hacer la venta. Después se recoge del almacén, se trae a la tienda, o se lleva al domicilio del cliente. Cuando el cliente hace la compra en firme, se ve la manera de que lo pague, o pague parte, y el resto a la entrega de la mercancía.

Los dependientes de comercio deben actuar con pleno conocimiento de lo que venden. Al cliente nunca se le dirá no tenemos, sino "bueno, teníamos, pero en este momento se han agotado". El vendedor debe recibir a toda persona que entre en el establecimiento con la mayor simpatía y amabilidad, para que todos se encuentren cómodos, creando así la oportunidad de hacer una buena venta, o que los clientes regresen, por el buen trato que recibieron. Es como el labrador, hay que estar sembrando (aunque sea simpatía), que ya vendrá la cosecha.

COLOCACIÓN LA MERCANCÍA EN LA TIENDA. 233

Todos estos artículos, ligeros de peso y fáciles de mover, deben de estar montados y colocados en las paredes, a la altura de la vista o poco más; allí se pueden colgar los espejos y armarios de baño, calentadores de agua y otros. Los de más volumen se colocarán en las partes bajas de las paredes, y sobre tarimas. También se pondrán por el centro del local, formando pasillos de fácil circulación. Esta forma de exhibir es más cómoda para el cliente.

Cada artículo tendrá un cartelito con su precio, el comerciante es como el pescador, si no pone buen cebo, no pesca nada. Si los clientes están incómodos o mal atendidos, se marcharán a otro comercio. Si los clientes no ven los precios, pueden pensar que algo no funciona bien, o que requieren sorprender con precios abusivos.

El pensamiento es libre, y cada uno podemos pensar lo que queramos. Todo esto se hace con el objeto de que cuando entren en la tienda vean el mayor surtido posible de todo lo que se tiene este comercio para vender, y aunque no haya muchos artículos, los que haya que estén bien distribuidos. Se deberá tener prevista en la distribución del local un lugar no visible, donde se pueda tener mercancía sin desembalar, envases y otros objetos, no necesarios, y que si estuvieran a la vista del público solo molestarían y perjudicarían las ventas. El aspecto del establecimiento se debe mantener siempre impecable, y sin nada por el suelo o fuera de su lugar. Los servicios de aseo deben estar inmaculados, ya que una visita de un cliente que necesite el servicio no se le podría negar, y si un establecimiento que hace reformas de baños no los tiene perfectos, no puede dar ejemplo de lo que es un cuarto de baño.

HERRAMIENTAS DE TRABAJO DEL DEPENDIENTE. 234

Se deberán tener a mano catálogos, listas de precios, bloc de notas de pedidos y encargos. No se puede decir: "¿Dónde está el bloc de pedidos, dónde tengo el bolígrafo?" Este material lo debe llevar encima, o muy a la mano, incluida una calculadora. Ese espacio de tiempo en ir a por la libreta de pedidos, puede dar lugar a que ese cliente se arrepienta y no haga la compra.

Hay que actuar en el momento de realizar la venta como un felino, en ese tiempo no debe haber nada que distraiga ni al cliente ni al vendedor. Nada más importante que cerrar esa operación de venta. Llevar una cinta métrica en el bolsillo siempre vendrá bien para confirmar las medidas de un mueble determinado, cuando pregunta el cliente. Sería bueno saber calcular en el acto lo que pagaría el cliente por cualquier producto que quisiera comprar a plazos, es

muy corriente ver en los comercios el precio de pago mensual de cualquier artículo vendido a plazos.
Este informe puede ser más que nada convencional, ya que el tema de plazos se negocia una vez que el cliente ha decidido la compra. Las ventas con catálogos dan buenos resultados. El público quiere ver y poder tocar lo que pretende comprar con muestras al natural y, respaldado por catálogos, tiene la oportunidad de encontrar ese modelo del artículo que estaba buscando, para facilitar la venta. La parte más importante de la venta es la ejecución de la misma, y no se dará por hecha mientras no está cobrada, ya que el cliente puede arrepentirse antes de haber abonado su importe. Cuando es con presupuesto el trabajo o encargo, la parte difícil es que firme, y la que redondea el ciclo, que pague algún dinero a cuenta.

CUANDO UN CLIENTE HACE UNA COMPRA. 235

Si se acuerda que al llevar la mercancía al domicilio del cliente, que será abonado por el importe, al llevar esta, y antes de desembalarlo, el cliente tiene que poner el dinero en la mano del repartidor y, si surgen imprevistos, y el cliente da excusas (que no calculo bien, etcétera), porque no tiene el dinero disponible, o lleva la idea de no pagar. Por eso, el repartidor debe recoger su mercancía y marcharse con ella. ¿Qué ocurre?, ¿desconfianza o informalidad? Mejor es pensar en la seguridad para la empresa. Si acordaron pagarlo a la entrega de la mercancía y no hay dinero, no hay formalidad, y la mercancía no se entrega. Si no lo haces así, los riesgos serán del comerciante.

AIRE ACONDICIONADO (COMO MERCANCÍA DE VENTA). 236

El aire acondicionado es otro negocio más. Para comercializarlo, debe buscarse un industrial al que le interese tener representadas sus instalaciones de aire. Estos artículos se pueden trabajar en exclusiva, y ambas partes tendrán más garantía. Las instalaciones de aire conducido se suelen poner en fábricas, talleres, comercios, oficina, e incluso en casas particulares.
La publicidad de mano y de pared son ayudas elementales para vender y convencer a los clientes de que esta casa les puede facilitar

la realización de la instalación de aire acondicionado que pretende realizar. Cuando sale un encargo para dar un presupuesto, se toma nota de la dirección del cliente y se avisa a la empresa instaladora. Esta irá a ver el trabajo a realizar, nos presenta el presupuesto a nosotros o al cliente, directamente, todo dependerá del acuerdo inicial entre la empresa técnica y nosotros. También podemos correr con la instalación, y ser nosotros los que facturemos al cliente Hay refrigeradores simples, de los que se puede tener algún aparato de muestra que suelen instalarse en establecimientos comerciales, oficinas, domicilios particulares y otros. Estos aparatos, que son con circuitos de entrada y salida de agua, los instalan las mismas empresas a las que representamos. En el gremio de construcción y saneamiento entra el aire acondicionado. Estos tienen incluido el aire acondicionado en el epígrafe de impuestos, y tanto los venda o no, el pago de impuestos es el mismo.

No obstante, se ha de recordar que la tienda ha de conseguir clientes, y que todas las instalaciones las hacen los servicios técnicos de cada proveedor. Este comercio participa en poner el espacio en el local y facilitar las ventas, por una comisión acordada de antemano. Por lo general, cuando son artículos o muebles expuestos en nuestro establecimiento, los benéficos no son inferiores al 35% sobre el precio de venta al público.

REPRESENTANTES. 237

A los pocos días de la apertura de la tienda, acudirán representantes de cuantos artículos vean que pueden vender en esta. Se los debe atender a la hora más indicada, que será cuando esté el jefe. Si los artículos y las condiciones interesan, se pide una unidad, siempre que esté fabricado, y esté en una delegación de esta ciudad y no tenga que ser importado o traído de una fábrica lejana; es mejor comprar a mayoristas que disponen de la mercancía. Esta tienda se ha de valer de muestras para vender y reponer, o vender y llevar directamente desde el almacén distribuidor, por nuestra propia cuenta, a casa del cliente.

FABRICANTES Y MAYORISTAS. 238

El comerciante ha de tener presente que hay muchos fabricantes de los mismos artículos, con diferente formato o modelo, y que cada artículo que hay en el mercado tiene un fabricante detrás. Cuando este comercio está abierto, todo el mundo querrá venderle. Recibirá ofertas de fábricas y distribuidores y, por nuestro propio interés, se debe de comprar a mayoristas, o fabricantes que tengan su delegación con mercancía dispuesta para servir, y aun así, se debe comprar lo mínimo. Las muestras en depósito sería lo ideal, y pagarlas cuando estén vendidas. Si tienes un local en un lugar comercial en el que se vea y destaque la mercancía, no te faltarán proveedores que dejen la mercancía en depósito. En las compras a proveedores, todo lo que se compra en firme y no se vende tan pronto como queremos, llegado el día de tener que pagarlo, el proveedor espera cobrar, y si no hay dinero, pondrá una demanda judicial para cobrar.

Hay que ser cauto y no fiarse de promesas, los industriales cobran por las buenas o por el juzgado. El proveedor siempre quiere cobrar, aunque la mercancía esté sin vender, así que mucho ojo con las compras. Este negocio está ideado para tener solo las existencias a la vista, y servir las ventas desde el almacén del distribuidor. Salvo que haya un cliente que se quiere llevar la cosa en el acto, entonces se le entrega, la paga y al día siguiente se repone esa en su lugar, o cualquier otra diferente que más convenga.

PLACAS SOLARES. 239

Estos industriales necesitan tener clientes como cualquier otro gremio, son muchos los que no pueden costearse tener una tienda solo para sus artículos e instalaciones. Los más modestos se van defendiendo con su taller y algo de publicidad, ya que al principio no se pueden soportar el gasto de una tienda con una dependienta y los gastos consecuentes. Aun así, puede haber tiendas que solo se dediquen a su fabricación y colocación, pero son las menos. A este industrial, como a cualquier otro, le interesa que le proporcionen clientes para su negocio, este deberá aportar alguna placa, y muestras que inciten a entrar a los futuros clientes. Hay que tener presente que lo que se hace es representar a estos industriales, trabajar las ventas a comisión, y facilitarle los clientes. En estas comisiones de negocios no vale una propina de ese industrial al que le facilitamos trabajo con regularidad y legalidad. Nunca daremos la dirección del proveedor o técnico al cliente que nos demande ese trabajo. Le daremos la dirección del cliente a ese emprendedor, para que se ponga en contacto con ellos, por si es un producto en el que no intervenimos. El autónomo que realiza un trabajo facilitado por nuestra empresa, y que factura por su cuenta, nos pasará un albarán de la factura del trabajo realizado por nuestra mediación, con lo que nos abonará la comisión acordada. Siendo esto suficiente para que le sigamos vendiendo. La comisión mínima debe ser de entre un 20, o 25% sobre el precio total de lo facturado. Si este trato no le conviene, otro habrá. La tienda ha de ser rentable en todas sus actividades, y puede hacer de intermediario en todo lo que se relacione con la construcción e instalaciones comerciales y del hogar.

BOMBAS DE AGUA Y COMPRESORES. 240

Como un servicio más de fontanería y construcción, nos podríamos de acuerdo con algún almacenista o proveedor de esta mercancía, este podrá facilitar impresos o murales de bombas de agua, compresores, y demás artículos de los más usuales. Si el público ve muestras, publicidad y alguna de estas bombas, alguien entrará a pedir información, haciéndole saber al público, por medio de carteles, que este establecimiento las vende, y también pueden ser instaladas por su equipo técnico. El beneficio de estas bombas no bajará del 35% de descuento del proveedor, más el importe de la instalación de nuestros técnicos.

PERSIANAS. CERÁMICA Y AZULEJOS. 241

Hay quien tiene muestras de persianas, así como su publicidad; se llega un acuerdo con un instalador, o una empresa fabricante que las instale, le facilitamos nombre y dirección del cliente, y cobro de la comisión acordada. Se contacta con un fabricante, almacenista o importador de los más cercanos a nuestro establecimiento. Se pueden encontrar almacenes mayoristas y fabricantes en cualquier ciudad importante. Este comercio se ofrecerá como representante de sus fabricados para la venta; ellos se encargan de poner las muestras y los muebles contenedores de las mismas. El trabajo de este comercio consistirá en hacer la venta, pasar los pedidos a fábrica y enviarlos por fax o teléfono, o como se acuerde. Este trabajo de la venta se hace por una comisión, sobre el total del importe de esta. La empresa almacenistas o fabricante se encargará de hacer llegar la mercancía al cliente y del cobro de esta. El cliente deberá abonar una cantidad a cuenta, que bien podría ser la comisión acordada, que no sería inferior al 30% del importe de la factura; el resto la pagaría el cliente a la entrega de la mercancía. También servirá de muestrario para nuestros clientes en las reformas de albañilería. tra fórmula podría ser que nosotros sirvamos directamente, y además del descuento se le podría incrementar en otro buen tanto por ciento sobre el precio. Esto se podría hacer cuando tuviéramos el vehículo adecuado, como puede ser una camioneta con una pequeña grúa. La mercancía de construcción pesa mucho. El continuo crecimiento de la empresa nos hará ser más competentes cada día. Ah, pero crecerá si le ayudamos a crecer, ya que las empresas no crecen solas.

PLACAS Y TRABAJOS DE ESCAYOLA. 242

En este gremio de escayolistas hay de todo, más modestos y más importantes, y son mayoría los que tienen necesidad de clientes. Por lo tanto, hay que buscar el autónomo que más convenga, ellos verán como una bendición que les puedan proveer de trabajo. No es ningún invento ser comisionista (es la palanca que mueve al mundo). Unas muestras que valen poco dinero atraerían clientes para ese tipo de trabajo. El objetivo está en que, una vez que nos hemos puesto de acuerdo con el emprendedor, este proporcionará las muestras más idóneas, y nosotros el espacio y el vendedor. Al público nunca se le dará ni el teléfono ni la dirección de nuestros colaboradores, antes sería preferible perder la oportunidad de ese negocio. Se llama al escayolista para que vea un trabajo, y nos entregue el presupuesto para negociarlo nosotros. Él tendrá la garantía de cobro con nosotros. El comerciante, que en este caso eres tú, correrá el riesgo de cobrar. También se puede hacer, como ya sabemos, el escayolista hace el trabajo y lo cobra, y nos abona la comisión correspondiente.

SECCIÓN DE COLCHONES. 243

No es necesario decir mucho de esta mercancía, es un producto de necesidad periódica, y será suficiente con tener un surtido de muestras, catálogos y lista de precios. Nos proveeremos de fabricantes o almacenistas cercanos de nuestra comunidad y, según se venden se reponen. Puede haber, además de colchones, algunos somieres y camas ligeras. Este es un buen asunto comercial, incluso con una tienda aparte, especializada. Se podrían ir poniendo tiendas por los barrios de la ciudad con una sola dependienta. Varias tiendas pequeñas serían suficientes para que se cubrieran los gastos generales, además de un sueldo para el dueño del negocio. Este sería un buen principio de una cadena de tiendas. He comprado con frecuencia este tipo de mercancía, para ir amueblando algún apartamento. Hacía el encargo y los recibía a la semana siguiente. Existe la oportunidad de que el cliente quiera pagar y llevársela en ese mismo momento. Cosa que no ocurre en los grandes almacenes, pero sí pudiere ser en tiendas de menos importancia, por lo general, el artículo vendido en la tienda, como pudiera ser un colchón o un somier. Esta empresa recoge la mercancía vendida desde el almacenista o fabricante o de su propio almacén, y se la lleva directamente al domicilio del cliente.

Sobre el pago de lo pedido, el cliente lo puede haber realizado al hacer el encargo en nuestro establecimiento. Si no se paga la totalidad del importe, es conveniente tomar una cantidad de dinero a cuenta y cobrar el resto del importe a la entrega de la mercancía. También puede ocurrir que le diga el cliente que se lleve el colchón deteriorado para que lo tire. Se ha se saber dónde se lleva, el tiempo que se tarda y los kilómetros que se hacen, para cargarlo de antemano en el elemento vendido. Tenemos una prueba de que todos los beneficios que se obtienen no siempre son ganancias netas. De una u otra manera, el servicio de retirada de elementos desechables se ha de hacer porque, de no ser así, ese cliente encontrará quien le haga este servicio completo. Se pueden tener varios modelos de las distintas marcas acreditadas de colchones y complementos y hacer campaña de los fabricados en la región, tanto por el precio como con el transporte a domicilio. Se podrían hacer cálculos y vender a buenos precios o, en el momento oportuno, aplicarles un descuento en el acto, si la venta lo requiere, todo depende de si el cliente paga al contado y se lo lleva él mismo, o puede vendérsele sin descuento y con portes pagados hasta su domicilio. Puedes jugar con los precios y los servicios a discreción, o a la distancia a llevar. Los beneficios que se obtienen son como los de cualquier mercancía que se vende en un comercio, y que no bajan del 35 al 40% sobre el precio de venta.

REPETIR EL NEGOCIO POR LA EXPERIENCIA. 244

Sé de uno de estos industriales que empezó con una tienda de barrio, y ya tiene varias en la misma ciudad.
Los negocios se empiezan con poco, y tienen la trayectoria que nos propongamos.
Hay quien piensa "con esta tienda voy viviendo". No se trata de ir viviendo. Hoy en día nadie puede pensar en que con ir viviendo ha de tener suficiente. Cuando se tiene la oportunidad de jugar con el crédito de tu nombre de la primera tienda, ya sabes lo que ganas, y a lo que te puedes comprometer con los créditos que puedas conseguir de los bancos, y seguir poniendo tiendas. Puedes ponerlas en cualquier lugar al que le veas oportunidad de negocio, y no importa salir de tu pueblo o tu ciudad, el mundo es muy grande.

MERCANCÍA MÁS IDÓNEA. 245

Para el surtido de mercancía en una tienda especializada, lo mejor sería contactar con el comercial de cada mayorista o fabricante, si lo hay cercano, en la propia entidad del almacenista. Este proporcionará toda la información de los productos que venden. Pero, ojo, no todo lo que ofrecen se ha de comprar, ya que si huelen que tienes dinero para pagar el primer pedido, te pueden ahogar de género.. Puedes contratar que te dejen el cincuenta por ciento en depósito para ver qué tal se venden sus productos. Existen fabricantes que ceden franquicias para la venta de sus artículos. Esta daría lugar a estar supeditado exclusivamente a sus productos. Siendo libre, podrás tener de todas las marcas que quieras y la oportunidad de venta puede ser más interesante.
Cuando se trata de un negocio para el servicio del hogar, un surtido puede ser, en más o menos: cuatro o cinco colchones de goma

espuma económicos, entre los diferentes tamaños y modelos, con su funda de tela corriente, otros, igualmente de goma espuma, de mejor calidad que el anterior, con fundas especiales de telas colchón impactantes. Un surtido de colchones de calidad media y otros de calidad superior y de las diferentes marcas más populares, y que más convengan. También puedes tener algún somier de diferente medida, de las más usuales, y de distintos modelos. Este surtido puede ser en un comercio en que esta mercancía es minoritaria.

CALENTADORES DE AGUA CALIENTES O TERMOS. 246

Este artículo sería una mercancía de todos los días, y se debería tener un surtido de los que más se venden. Si el cliente tiene donde elegir, y sabe que no tiene que esperar para su instalación, las ventas se producirían en cascada, serían continuas y más si se ofrece la instalación de calentadores en 24 horas. Posiblemente, y con el tiempo, se tendría que tener un empleado para la colocación de calentadores; la competitividad se inventa, y este es un ejemplo. La instalación se haría lo más rápidamente posible, y se informaría al comprador que el técnico solo le cobraría el tiempo que empleara en montarlo, y alguna pieza que se pudiera necesitar. Nunca se le debería dar precio de montaje, porque se desconoce el estado de la instalación anterior y la distancia del lugar. Lo importante es venderlo y cobrarlo en ese momento, al otro día o el día acordado se le llevará el termo comprado, lo montarán y le cobrarán la mano de obra. En la factura de venta se deberá poner bien claro, y con letras destacadas, que la instalación no está incluida en el precio del aparato. Hay personas que podrían decir: "Oh", es que pensaba que estaba incluida la colocación!". Al hacer la venta, se le ha de decir fuerte y bien claro, "que la instalación es aparte", a no ser que se estudie otra fórmula de pago de la instalación. En estos aparatos, tendríamos el descuento comercial de los distribuidores, que no sería menor de 35%, al que se suma el precio de instalación. Con esto no estamos descubriendo nada, pero nos hace pensar en los beneficios que se pueden obtener con las ventas en general. Calentadores en exposición, se pueden tener cuantos se quieran, para que, igualmente, se los pueda llevar en el acto el cliente, si así lo desea.

LA EXPOSICIÓN DE CALENTADORES. 247

Es suficiente con tener diez unidades de las más vendibles,
se podrían tener diferentes marcas y tamaños. Estos irían colgados de las paredes. En los termos, como en cualquiera otra mercancía, se ha de tener prevista la posible venta a emprendedores autónomos, para hacerle el descuento correspondiente. Estos compran en el lugar más cercano, y donde les hacen buen precio. Si este negocio trabaja con un descuento sobre el precio de venta al público del distribuidor, de 35 o 40%, bien se le puede hacer un 15% de descuento, o lo que se crea oportuno. Este comentario del descuento servirá para forzar las ventas ya que de otra manera, ese artículo lo venderán otros establecimientos del gremio como el tuyo. A los fontaneros que compran en nuestro negocio, y que se les hace descuento, se les vende al contado y se les cobra en el acto.

Y debemos tener siempre la respuesta de que no se fía, para evitar malentendidos. En el capítulo siguiente se describen varios negocios que se pueden hacer como "negocios independientes", y buena parte de ellos complementarios.

¿POR QUÉ TRIUNFAN O FRACASAN ALGUNOS EMPRENDEDORES?

CAPÍTULO 7º 248

RETIRADA DE ESCOMBROS, COMO ANEXO A LAS REFORMAS. 249

Venta de sillas como especialidad. Y Comercio de electrodomésticos, y otros para el hogar. La retirada de escombros de obras puede ser un buen anexo a las reformas. Parte de lo que sigue, puede ser igualmente complementario en un mismo establecimiento, o en negocios especializados independientes, o conexionados.

NUESTRA SUERTE, Y EL SECRETO DEL ÉXITO, SIEMPRE ESTÁN MÁS CERCA DE NOSOTROS DE LO QUE CREMOS.

LA VENTAJA DEL GANADOR. 250

Esta ventaja no es el resultado de vivir en un ambiente privilegiado, de una inteligencia superior o de mucho talento. Se ha descubierto que su ventaja está en nuestra actitud ante la vida. Con el tiempo descubrimos que las recompensas siempre dependerán de nuestra participación o contribución en lo que hagamos, o dirijamos nosotros mismos. Si nos fijamos un objetivo, y lo acometemos con honradez y empeño, los resultados siempre estarán llenos de alegría, y beneficios. A continuación, veremos diferentes proyectos de negocio, que aunque haya muchos otros parecidos o de lo mismo, si le damos nuestro toque personal que los diferencie, nuestros proyectos triunfarán.

EL SECRETO ESTÁ EN CREAR NEGOCIOS. 251

La base del éxito radica en crear negocios legales de cualquier tipo, que los puedas controlar, y en el que se necesiten otras manos y maquinaria para desarrollarlos. Con el hábito de hacer negocios, tu capacidad de organizador se irá desarrollando. Yo, cuando estaba falto de rodaje, alguna vez me deshacía de un negocio porque creía que había tocado techo. Eran mis mayores errores, tenía la experiencia de ese negocio, sin pensar, que lo podía haber encadenado con otros similares, aprovechándome de la experiencia del primero. Con el tiempo, acabas siendo un adicto a la creación de negocios. Pero, ¿es que no lo fueron los grandes o pequeños descubridores de todo cuanto nos rodea? Ellos no fueron grandes ni por su estatura ni por su origen, fueron grandes por su inteligencia, afán de conquista y superación, y por lo que dejaron para la posteridad. Los grandes emprendedores consiguieron llevar a cabo los proyectos que imaginaron, por su total entrega en aquello en lo que creían.

VENTAS A PLAZOS HASTA SESENTA MESES. 252

En los negocios de muebles, reformas y otros de acondicionamiento del hogar o comercial, el sistema para aumentar las ventas son los plazos, que bien pudiera ser la bandera de nuestra publicidad. Los créditos para reformas y mobiliario del hogar están muy extendidos. Si alguien quiere comprar a plazos, o hacer una reforma, se les informa de los trámites correspondientes. En realidad, tú podrás trabajar así, recurriendo a los bancos, cajas de ahorro y empresas financieras que proporcionan los préstamos. En nuestro negocio, lo que haremos será ser enlace entre el cliente y el banco para conseguir una buena venta mediante los préstamos. Las entidades financieras ya lo tienen todo previsto, y pueden informarte de su funcionamiento, y de cómo participar en la información y fomento de los créditos.

Si anunciamos que "le amueblamos su casa por encargo en 7 días, y le cobramos en cinco años", serían muchos más los clientes que entrarían a nuestro establecimiento, a ver cómo funcionan esos créditos. Que igualmente puede valer para reformas, electrodomésticos, y otros muchos elementos que puede suministrar nuestro negocio. Los buenos negocios no se hacen solos, los hacemos nosotros con nuestras ideas. Estos empiezan por poco y, si no nos faltan ideas, pueden llegar muy lejos. Cuando se constituye una pequeña empresa, nadie piensa hasta dónde puede llegar, solo se ha de seguir adelante y adelante, hasta conseguir la victoria.

Nuestros empleados estarán lo suficientemente bien asesorados como para convencer al cliente de lo fácil que es comprar a largo plazo. Son muchas las reformas que se hacen con créditos. Sin olvidar que la fuente de beneficios de esta empresa dependerá de si hay comisión para los dependientes vendedores. Si queremos todos los beneficios para nosotros no venderemos lo suficiente para hacernos ricos.

LOS BANCOS Y ENTIDADES DE CRÉDITO. 253

Se entiende que el crédito se lo conceden a las personas que tienen la nómina domiciliada, negocios, propiedades, empresas reconocidas o determinada solvencia, que el banco se encargará de averiguar, ya que este tema a nosotros no nos afecta, a no ser que facilitamos el crédito nosotros mismos... Nuestra empresa no avala al comprador, ni corre riesgos, y no se ha de preocupar de las garantías del comprador cuando es una entidad de crédito la que lo concede. Con relación al banco o entidad de crédito, este nos abona la factura, y nos cobra una comisión sobre el importe. Si queremos que nos aumenten las ventas, debemos tolerar ese descuento. Más información la recibirás de las entidades de crédito, para disponer de los argumentos precisos, para convencer a los futuros clientes, y poder realizar las ventas a plazos. Conclusión, el banco concede un préstamo al cliente, este nos hace su compra, y el banco nos abona la factura. Si no hacemos estas ventas, no tendríamos que pagar comisión, ni obtendríamos las ganancias correspondientes. Antes de planificar esta forma de vender, se debe pedir información a las entidades financieras del lugar en el que residas, y ser nosotros los que informamos a los clientes de cómo conseguir ese préstamo. Tendremos clientes que su dinero o crédito lo tendrán en diferentes bancos o cajas de ahorro, por lo que nuestros contactos con esas entidades han de ser diversas.

ALGUNO DE LOS MILLONARIOS MÁS PODEROSOS. 254

Alguna vez leí algo sobre el tema de cómo se hacen grandes fortunas. Un multimillonario americano ganó su fortuna jugando a la bolsa. Este señor vendía las acciones cuando solo tenía de ganancias un cinco por ciento. Le apodaron Mister cinco por ciento. .A lo largo del tiempo he podido comprobar, que es un acierto vender mucho aunque haya menos beneficios. Es más importante ir a las ganancias continuas, aunque no sean muy copiosas. Alguna vez oí hablar de un martirio, -no recuerdo dónde-, que a los condenados los ponían debajo de un artilugio y les caía sobre la cabeza una gota de agua, total, no era nada, si no fuera porque estaban atados y la gota que les caía era continua. En pocos días acababan volviéndose locos. Lo poco puede no ser nada, pero si es continuo puede ser mucho, y si se hace con buen fin, puede llenarte las arcas, y el corazón de felicidad. Recuerda el refrán: El grano no hace granero, pero ayuda al compañero.

CARPINTERÍA A MEDIDA. 255

Hay talleres de carpintería especializados en la fabricación e instalación de puertas y otros muebles de encargo a domicilio. Alguno de estos tiene taller y no poseen tienda, como mucho, tienen un representante que trabaja a sueldo o a comisión. Nuestra empresa les puede ofrecer la oportunidad de venderle puertas, y todo cuanto fabrique en su taller, a cambio de una comisión acordada. Tendrá la exposición de todos sus productos gratuitamente, solo tiene que aportar las muestras a la tienda, y esta le irá consiguiendo trabajo. Un comercio como el nuestro, que exponga su mercancía, les puede venir muy bien a alguno de estos talleres, que puede sacarlos de la pequeña producción o al menos aumentarles el trabajo. Este tipo de negocios que voy describiendo, una vez dominado el primero, se puede ir repitiendo donde creamos que puede ser negocio.
La población mundial crece y crece, y siempre necesitarán negocios de servicios. Las comisiones por encargos de trabajo, en los que solamente intervenimos facilitando el cliente, pueden ser de una cantidad acordada, que nunca será inferior a 20% de la facturación. El beneficio que obtendremos por los artículos representados en el establecimiento para su venta directa, puertas o cualquier otro producto, será como mínimo del 35% sobre el precio de venta. A otros productos pedidos y pagados que comercializamos por nuestra cuenta, les cargaremos los beneficios que creamos oportunos, dentro de un orden.

MUEBLES DE COCINA Y OTROS. 256

Se pueden tener muestras de muebles de cocina para el hogar, y venderlos por encargo. Otros pueden ser comprados y pagados por nosotros para vender, recoger pagar y llevar por el cliente... Todos estos tendrán una comisión o recargo del 35 al 40% sobre el precio de compra. Cuando es por encargo a medida, y hay que ir a la casa de los clientes a ver los trabajos, se toma nota de todo cuanto sea necesario para que los técnicos hagan la visita al domicilio del cliente. Estos trabajos con presupuesto, o se los hace directamente la empresa colaboradora al cliente o los hacen por nuestra mediación, y seremos nosotros mismos los que los vendamos al cliente y paguemos a los técnicos Estos técnicos tendrán la ventaja de que mediante nuestra comisión se garantizan el cobro inmediato después de terminado el trabajo. El riesgo lo corremos nosotros, como intermediarios comerciales legales que somos. De las dos opciones de venta, elegiremos la que más nos convenga...

LAS MUESTRAS DE PUERTAS VENTANAS Y DEMÁS PRODUCTOS. 257

Con un buen acuerdo firmado con esta empresa de fabricación en madera, ambos haríamos un buen negocio. Los proveedores tendrían más trabajo, y nosotros conseguiríamos un buen mercado de consumidores de estos productos. Una vez puse en contacto a dos pequeñas empresas con esta idea, el taller, que tenía tres empleados, se convirtió en un equipo de seis, y la otra empresa comercial, aumentó la plantilla de dependientes, y poco tiempo después puso otra tienda más. Su funcionamiento se mantuvo, mientras ambas partes cumplieron el contrato legal que se firmó. La empresa productora fue diseñando todo tipo de muebles funcionales, de precios económicos, y otros algo más caros, aportando muebles muestra a las tiendas. Otros muebles se le pagaron al taller constructor, para quedar libres en los precios de venta. Las tiendas suministraban suficiente trabajo por encargo para el taller, y los dos hicieron bastante negocio. En las tiendas había suficiente mercancía para que los clientes compraran y pagaran, o para que se las enviaran a su domicilio. Cuando se trata de carpintería de colocación y armado total de las puertas, incluidos los marcos, intervienen los albañiles y después el trabajo lo termina el técnico de carpintería. Si nuestro negocio está dentro de "suministros para el hogar", todo cabe.

EXPOSICIÓN DE COCINAS. 258

Puedes tener alguna cocina instalada, o las que sea conveniente, y que el fabricante esté dispuesto a dejar en depósito, sin cargo. Recuerda que los acuerdos de palabra no tienen seguridad de futuro, es frecuente que, por estar sujetos a cumplir un contrato firmado, ninguna de las partes intente romperlo en los primeros tiempos, esto da lugar a solidificar el negocio, y después ninguna de las dos partes se arrepiente. Pasa como en todos los negocios, en los comienzos, todo son obligaciones de pago, y uno llega a dudar de si se acertó en el negocio. Hay que trabajar con ahínco y darle tiempo al tiempo. En los primeros tiempos de abrir un negocio, no se ven los beneficios, por los pagos que se producen al iniciarlo, después va viniendo la calma, hasta que se coge el ritmo y ya no hay quien lo pare.
Es por lo que las alianzas se deben hacer en contratos por escrito, para que duren. En el encargo de una cocina, nuestro comercio solo participa en la venta, y esta le puede suponer una comisión para la tienda, suficiente como para pagar el medio sueldo de un empleado. También es verdad que al distribuidor de cocinas, al fabricante de estas, o de cualquier otro artículo, le tiene que gustar el sector de ubicación de tu negocio y el escaparate o el sitio en el que los expongas. Es frecuente que los proveedores quieran tener sus productos en el mejor lugar del establecimiento.
El comerciante tiene que ser muy hábil para conformar a todos los proveedores con una buena distribución del local. ¿Cuántas cocinas se podrían vender? Nunca se puede saber de antemano, suele ser como cualquier otro artículo, se podrían vender dos cocinas en un día, y el resto del mes no vender ninguna, o vender varias en el mes, nunca está asegurada una venta de nada, hasta que no se ejecuta. Por supuesto, que si hay un buen surtido de cocinas de muestras, las ventas serán buenas. Por otra parte, podemos ver, que una tienda de muebles puede tener 300, 500, 2.000 o más metros de local, que no se ve mucha gente en las tiendas de muebles y parece que no venden mucho, pero son pocas las que cierran el negocio, claro que una sola venta le puede suponer una cantidad considerable, y más si es amueblar un piso completo.

CARPINTERÍA METÁLICA. 259

No todos los industriales de esta mercancía disponen de una tienda para exponer sus productos, es a estos, a los que no tienen tienda, a los que hay que buscar para llegar a un acuerdo. Este es otro artículo más con el que se pueden obtener beneficios. Tendrías que hacer como en otros casos, contactar con un industrial al que le interese, y poner en este comercio muestras de sus productos. Saldrían encargos de puertas, ventanas, división de espacios (por ejemplo, de oficinas), cerramientos de galerías, terrazas y otros muchos. Habría suficientes encargos a medida como para que se justifique atender este gremio con interés. Se pueden tener puertas y ventanas montadas, dispuestas para llevar y que sean colocadas o no por los albañiles. Estas se podrían fabricar en distintos colores de aluminio o acero, y que estén dispuestas para llevar. Sobre el consumo no se puede tener duda. El ciudadano medio es adicto al consumo, y no hay vuelta atrás, seguirán cambiándose el cuarto de baño, las sillas de la terraza y todo cuanto va saliendo como novedad. Los muebles no se cambian con frecuencia, pero entre unos y otros, nuestro negocio puede funcionar muy bien, claro que se ha estar respaldado por una ciudad y una buena calle comercial.

CUBRIMIENTO DE TELAS ASFÁLTICAS DE TERRAZAS Y AZOTEAS. 260

Esos trabajos entran en el sector de nuestros técnicos de albañilería y fontanería, y es un trabajo que produce buenos beneficios. Cuando se trata de asfaltar toda una terraza, hay bastantes empresas que se anuncian como especialistas, y que dan garantía de varios años; lo hacen muy bien, porque se dispone en la actualidad de buenos materiales impermeables. Ponen dos capas de tela asfáltica al cruzado, bien soldadas, para asegurarse de que no habrá filtraciones. Tiempos atrás, este trabajo era difícil hacerlo perfecto por la deficiencia de materiales, ahora es coser y cantar.

ANÚNCIATE COMO ESPECIALISTA. 261

Se ha demostrado que la publicidad es una buena inversión. Los anuncios que dicen que la tuya es una empresa especializada, da magníficos resultados. A cada trabajo que se conoce y se sabe hacer se le da más realce cuando se destaca en un solo anuncio, la oportunidad de consultas y de venta siempre es superior. A la persona que busca quien le haga determinados trabajos, le gusta oír decir: "Somos especialistas". Hacer publicidad como especialistas de un trabajo en un solo anuncio, y otras veces de otros, dará lugar a que aumenten las ventas. Este trabajo puede ser una especialidad de esta empresa, ya que tiene el personal adecuado.

CAPTACIÓN DE PROVEEDORES. 262

Esto no es ningún problema, elige las empresas que creas más idóneas, y que no tengan tiendas en tu ciudad. Busca en el listín telefónico. Hazles la propuesta, y espera contestación... Si el lugar de tu negocio es atractivo por lo céntrico, por lo espacioso, y por los peatones que pasan por delante de tu establecimiento, y que los posibles proveedores no tienen el trabajo muy boyante, pondrán bastante interés en tener una conversación sobre el tema. Tú ya tendrás advertido a tu abogado de tu idea, y él sabrá cómo planificar un contrato aceptable para ambos.
Tu primer contacto puede ser con una breve carta, en la que expongas tu idea. También puedes hacer una llamada telefónica, o poner un anuncio en la prensa, en el que diga que dispones de un comercio dedicado a esto o aquello, y que admitirías determinados artículos, para su venta o representar. Después de una entrevista, y visita el centro de producción, les puedes explicar tus ideas con más detalle. A la cita con este posible proveedor, no tengas reparos, y, aunque tengas que pagar, asiste acompañado por tu asesor o por una persona capacitada en hacer este tipo de contratos, que bien podría ser tu abogado.
El abogado que te acompaña tiene que saber todo lo que tramas, para poder participar en la conversación. Todo esto se ha de hacer sin demora, cuando se toma el local y se prepara su acondicionamiento. También es muy importante la fecha de entrega de la mercancía o materiales que son comprados, y los que son muestras en depósito. El retraso en la entrega de esta mercancía podría ocasionar demoras en la apertura del establecimiento. Todo cuanto se fije para una fecha determinada de servicio, se ha de

plasmar con documentación firmada, para que no se demoren en el servicio. De palabra fíate lo justo. Comenzar como comerciante o emprendedor es como empezar una guerra, en la que hay que tenerlo todo planificado de antemano. Con la ventaja de conocer los artículos a vender, y la infinidad de consumidores de todo tipo, que aumentan cada día más.

BUSCANDO AUTÓNOMOS DE DIFERENTES GREMIOS. 263

Para contactar con algunos de estos gremios, mira los autónomos que se anuncian con más frecuencia en el periódico en anuncios por palabras, llámalos por teléfono y plantéales la idea; si les conviene, deberás concertar una entrevista para planificar las formas y las comisiones. Entérate de cuánto personal empleado dispone, su especialidad, del precio que cobran por cada tipo de trabajo, etcétera. Con estos talleres a los que se les facilitará trabajo, a veces no es necesario hacer un contrato, ya que deberás tener varios talleres de un mismo gremio repetido, hasta que te afiances en uno que te haga todos los trabajos con la mayor rapidez y eficacia, o te asocies a su negocio, y no él al tuyo.

RETIRADA DE ESCOMBROS. 264

Con las reformas se producen cantidades de escombros que hay que llevar a lugares asignados por el municipio. En las ciudades, cada día es más problemática la retirada de escombros de las reparaciones. Esto negocio no es un invento, es una realidad y existe en muchas poblaciones. Puedes acordar con varios comercios de venta materiales de construcción, para que tenga tus sacos, donde el cliente pueda recoger y pagar al mismo tiempo. Se trata de un saco de arpillera plástica, muy resistente, de un metro cuadrado de base, por un metro diez centímetros de alto, con fuertes asas para levantarlo y ponerlo en la camioneta.
El cliente paga en ese momento de la recogida del saco el importe del servicio de retirada del referido escombro, y luego deposita el saco en un lugar de la calle donde le indiquemos (previamente, el ayuntamiento nos ha indicado que puede dejarse ahí). Por lo general, estos sacos, se depositan en la vía pública, donde no estorben ni al

tráfico ni a los peatones. El saco llevará impreso nuestro teléfono y la publicidad conveniente, para que nos llamen cuando esté lleno. El cliente debe identificarse, al dar la orden de retirada.

GRÚA DE TRANSPORTE PARA ESCOMBROS Y OTROS SERVICIOS. 265

Nuestra empresa tendría una pequeña furgoneta, con una mini-grúa que tuviera capacidad para levantar alrededor de 1.500 kilos. Con la retirada de escombros nos aseguramos unos ingresos importantes, y estos trabajos se pueden hacer en cualquier momento. Cuando nuestra empresa tenga mucho trabajo, la retirada de escombros se puede dar en comisión al empleado, para que los retire en un fin de semana. Eso se llama encadenar un negocio con otro. Los materiales para los trabajos y el reparto de mercancía se suelen hacer con un vehículo para el que se necesitaría un empleado con carné de conducir. ¡Ya lo tenemos!, la misma camioneta nos sirve para todo, reparto de mercancía de las ventas en la tienda, acopio de materiales para las reformas, la retirada de nuestros escombros y los de otras empresas de reformas. Como trabajo independiente del negocio inicial, la retirada de escombros necesitaría un permiso que se puede conseguir cuando decidas hacer esta actividad.

COMENTARIO DE SERVICIOS PARA EL HOGAR. 266

En este negocio de "servicio para el hogar" puede haber muchos más productos y gremios de los comentados. Ya sabes lo que siempre digo, disponer de cada técnico por libre, en su materia, es positivo para llegar lejos. Todos los negocios o trabajos que hemos explicado en este libro, y si los has leído y asimilado con atención, puede que sean suficientes para que, sin ser especialista de ninguna de estas actividades que explico, hayas aprendido lo suficiente para no fracasar, ni siquiera en el primer negocio que emprendas. Si te aplicas al mensaje que he pretendido enviarte con este libro, te harás con una fortuna.

EXPOSICIÓN DE SILLAS DE TODAS CLASES. 267.

Tener toda clase de sillas es imposible, ya que po175r muchos modelos que podamos obtener, nunca tendremos todos los que pueda haber en el mercado. Este negocio lo puede poner cualquiera, el objetivo es tener una silla de cada modelo, que nos quepa en el establecimiento, y que los clientes queden impactados al ver tanta variedad. Otros modelos se pueden tener en catálogos, ya que una vez puesto el negocio en marcha, no se puede perder ninguna oportunidad de venta. El local ha de estar situado en lugar comercial. Este establecimiento puede ser la mayor inversión de este negocio. Cada negocio tiene su punto importante, la más fuerte inversión, en este caso, que sea el local. La compra de doscientas o trescientas sillas como muestrario puede ser una inversión de poco dinero si se compara con otros negocios en los que se han de tener existencias para que el comprador se las pueda llevar en el acto, o maquinaria, como en la hostelería.

FUNCIONAMIENTO DEL NEGOCIO DE SILLAS. 268

El cliente se enamora de un determinado modelo de silla y hace el encargo exclusivamente para él. Si el asiento es tapizado, tal vez pueda cambiar el color del mismo (cada fabricante, aporta muestras de tapizado que puede cambiar) o el color de la pintura, barniz, etcétera. Cuando el cliente efectúe el pedido, ha de hacer entrega del 40% de total de la compra, y cuando se recibe el producto de fábrica, se le llama para que haga efectivo el resto del pago. Al día siguiente se les lleva el pedido a su domicilio. Esta es la fórmula normal de venta de estas tiendas. En un pedido de cerámica de encargo que hice en un gran almacén, esa fue la fórmula. Todas las modificaciones se han de hacer con las normas del fabricante. También se puede vender a plazos, aplicando la fórmula de los créditos bancarios, que ya conocemos.

ACOPIO DE MERCANCÍA. 269.

Posiblemente, esta sea la parte que más preocupe al nuevo emprendedor. Este negocio no es uno más de fuerza física, sino de inteligencia. En las Hojas Amarillas de Telefónica puedes encontrar lo que quieras. Si estamos en España, la región de fabricantes de muebles por excelencia es Valencia, a pesar de que en cualquier lugar geográfico haya fabricantes de todo, incluidas las sillas.

Hemos de buscar fabricantes de muebles especializados en sillas, luego se les llama por teléfono y se les explica la idea de vender solo sillas, así averiguarás sin son los proveedores adecuados. Si lo son, se les pide información y catálogos de sus productos, así como precios por unidad, información sobre el tiempo que tardan en servir un pedido y condiciones generales de pago, sistema de transporte y demás información necesaria.

Toda esta información hay que pedirla por escrito. Los fabricantes suelen tener sillas en fabricación continua, de las más vendibles, aun así, siempre hay que prever un tiempo para atender un pedido por muestrario. Debemos recibir información de varios fabricantes de sillas. Pedido inicial de muestras. Se pueden hacer por teléfono, por carta o por Internet, eso es una cuestión personal, o de las circunstancias. El primer pedido que haremos será de una silla de cada modelo que queramos tener en exposición. Tendremos calculado el espacio y las unidades que podemos exponer.

En el primer pedido que se hace para muestra, se ha de presionar para que estos precios sean inferiores a los de los pedidos normales, ya que al ser muestras, podremos exigir mejores descuentos y franco de portes, si es que no se consiguen a mitad de precio como muestras. Es importante hacer una visita a las fábricas, una vez localizadas, para ver la calidad de sus productos y su desarrollo industrial. Esta visita a varios proveedores se puede hacer en una semana o poco más, y nos serviría para crear una relación entre fabricantes y vendedores. Hemos de elegir, los modelos de sillas que cada industrial fabrica en serie con frecuencia, y que más pueden gustar, aunque sobre gustos no hay nada escrito. Si tenemos los modelos más comerciales de cada fábrica especializada, el comercio tendrá más seguridad de recibir la mercancía con más rapidez. Un fabricante de sillas puede fabricar treinta modelos, pero a este se le pueden comprar los que creamos que se venderán mejor, que bien pueden ser unos pocos, elegidos de su muestrario. Con otro fabricante haremos lo mismo, elegimos los que más nos interesen. No siempre se deben comprar todo los modelos que queramos vender al mismo fabricante. Unos trabajaran con más calidad, y otros serán de precios más bajos.

En principio, hay que hacer el recorrido por varias fábricas, y recoger información de precios y calidades, con sus catálogos. De esta manera, siempre sabremos el modelo que elegimos. Después se le compra al que mejor lo hace y mejores precios ofrece. A veces, también es bueno tener dos proveedores del mismo artículo, ya que puede ocurrir que se curse un pedido y no lo puedan servir con la urgencia que necesitemos.

INSTALACIÓN DEL LOCAL. 270

Además de estar el local en buen sector de afluencia de público, se ha de tener buena visibilidad desde la calle, para que la gente pueda ver la mercancía o parte de ella. Las sillas han de estar situadas en lugares en los que clientes puedan verlas sin gran dificultad, y tocarlas, si quieren. Hay quien las tiene en fila, o las cuelga en las paredes, esto no es muy acertado. Lo más conveniente es hacer unas tarimas de madera, una espacie de anfiteatro o tribuna.

El referido anfiteatro se hará con pasillos de entre 60 y 70 cm. de ancho, a una altura entre uno y otro, de unos 30 cm., aproximadamente, donde se colocarán las sillas en exposición. De esta manera el cliente puede ver todas las sillas al mismo tiempo, desde cualquier lugar del local. Si quiere ver alguna de cerca, se le baja y se le enseña; para que las vea, las toque y se siente en ellas. Acto que puede ser determinante para que se hagas las ventas. Además de lo dicho, no se deberán comprar ninguna silla que no la hayamos visto con anterioridad.

PLANIFICACIÓN DE DE EXPOSICIÓN DE SILLAS 271.

Acerca de los pasillos para las sillas, se ha de prever poder pasar y sacar la silla que se quiera, 20 cm. para paso puede ser suficiente. Debajo del anfiteatro puede estar hueco, para que pueda servir como almacenillo para envases y otros. El carpintero que haga el entarimado ha de tener en cuenta que no se pondrá peso, pero sí que ha de pasar una persona y que, por lo tanto, ha de ser lo suficientemente fuerte para que no se produzcan accidentes. También se podría hacer metálico, pero lo más importante es que ese mueble de contención no destaque tanto, para que no anule la visión de la mercancía que queremos vender. También se podría construir la estructura de hierro y el resto de madera. Por otro lado las sillas van puestas en el suelo en una casa, es por lo que hay que tener el entarimado de color parecido a un suelo. Toda la decoración que necesita este local es buena iluminación indirecta sobre la mercancía, que realce sus colores, un espacio para recibir a los clientes, las mesas de trabajo y oficina correspondientes, el servicio de aseo y poco más. Si el local es suficientemente amplio, se podría pensar en mesas, y si fuera enorme, podría servir de almacén en su parte interior.

LOCAL PARA ALMACÉN. 272

Se podría tener previsto un pequeño local para almacén, en una calle sin importancia comercial y que fuera económico de alquiler. En este local se recibiría la mercancía para su distribución. Tampoco estaría mal disponer de una furgoneta para reparto, aunque en principio puede que no sea necesaria, ya que se podría concertar con un autónomo de transportes el reparto de sillas y el precio que nos cobraría por cada porte, y así tenerlo en cuenta a la hora de valorar gastos y beneficios en las ventas

¿QUE CON CUÁNTO MARGEN DE BENEFICIO SE TRABAJARÍA? 273

El margen normal sería del 40%, sobre el precio de venta, aunque nunca son ciertos los cálculos, ya que se presentan oportunidades de ganar mucho más. Si además de especializarnos en sillas para el hogar, nos especializamos en sillas y mesas para la hostelería, se tendría más oportunidad de negocio. La especialidad, en cualquier actividad, es determinante para hacer buenas ventas.

APERTURA DE UN COMERCIO DE SILLAS. 274

A este comercio no lo conoce nadie cuando se instala, por lo tanto, se ha de hacer una publicidad adecuada, para que cualquier persona de la ciudad o de la región sepa dónde tienen suficientes modelos de sillas para elegir. La publicidad ha de acompañarte de por vida en cualquier actividad a la que te dediques. Las sillas no son un producto que se compra todos los días, como la comida, pero sí puede ser importante el dinero de cada venta que se haga.

SILLAS Y MESAS PARA LA HOSTELERÍA. 275

Este apartado es importante, ya que el suministro a una empresa de este tipo, tanto de sillas como de mesas, puede ser considerable. Sabemos que muchos establecimientos ponen sillas y, sobre todo, en las terrazas. Para estas últimas, hay empresas que las regalan con su publicidad. Eso no quiere decir que todos los establecimientos tengan sillas de regalo. Un restaurante puede tener veinte o treinta sillas, o doscientas, depende de lo grande que sea el negocio. Las mesas pueden ser igualmente interesantes. Este negocio funcionará como venta de muebles. Ser especialista tiene sus ventajas, se pueden tener más modelos de sillas y mesas que cualquier tienda de muebles. Esa es la ventaja para vender más y ser más competitivo en surtido.

COMERCIO DE DE ELECTRODOMÉSTICOS. 276

Decidimos instalar un comercio de electrodomésticos. En ese momento pensamos en cuánto dinero se necesitaría. Para hacer los cálculos aproximados de lo que necesitamos en mercancía en este tipo de negocio, iremos a un establecimiento que conocemos, y veremos cuánto puede valer la mercancía. Para esa cálculo cuentas los frigoríficos, lavadoras, televisores y toda la mercancía que tengan a la vista. Con este método sabrás las unidades diversas que contiene el local. Pregunta el precio de venta al público de diferentes artículos, luego saca una valoración a ojo, de un precio medio entre todas las unidades, y calcula el precio del conjunto de toda la mercancía expuesta que ya la habrás contado.
Supongamos que ese establecimiento tiene a la vista 200 unidades, y que la media de precio que hemos sacado es de 200 €, tendríamos un valor de 40.000 €, si a esta cantidad le restamos el 35% de beneficio comercial, la inversión que han hecho en esa mercancía es más o en menos de 26.000 €. Como puedes ver, no es tanto capital el

necesario para empezar. Sin embargo, el local tiene que estar lleno para que comience con buena apariencia.

ADQUISICIÓN Y REPOSICIÓN DE MERCANCÍA. 277

Este tema es el normal de cualquier otro negocio. Después de que estás bien asesorado por los precios que has visto en los comercios o grandes almacenes, buscas distribuidores por marcas, en el listín telefónico. En principio, no necesitas comprar más de una unidad por marca y modelo. Está claro que una marca puede tener varios modelos y tamaños. Una buena exposición es fundamental para que entren los clientes. Aquí actuamos como hemos dicho anteriormente, se vende un artículo y se lleva directo al cliente, desde el almacén proveedor. De la garantía de estos artículos responde el almacenista distribuidor o fabricante. Tienen talleres o asociados, para las reparaciones y garantías de los aparatos. Estos negocios casi no podrían existir si los comercios fuesen responsables de las reclamaciones, garantías o reparaciones. Claro, la posventa ha de estar garantizada, y el comercio sirve de intermediario para garantizar la atención al cliente. Damos por supuesto que deberás hacer una visita a los almacenes distribuidores de las marcas, y exponer tu idea, cuando tengas el local. Ellos te explicarán el desarrollo del negocio, porque tal vez les interese como comprador.

LA COMPRA EN EL COMERCIO. 278

Estos establecimientos venden la mercancía expuesta, por mediación de una factura, con la documentación adjunta en cada elemento, y sus garantías cuando se vende al contado. Ya se habrá hablado de la forma de pago. Si es por crédito, se hace el contrato y trámite correspondiente, antes de llevar el elemento vendido a casa del comprador. Este se puede hacer aplazado con créditos bancarios, como ya sabemos, o pagados al contado. Una vez hechas las formalidades de la operación, se pide al depósito distribuidor el elemento vendido, y si disponen de este en ese momento, se retira del almacén, para llevarlo directamente al cliente. El repartidor cobrará la cantidad que pudiera quedar pendiente de pago, si quedaba alguna cantidad por terminar de pagar de la venta al contado. Todos los aparatos eléctricos de alguna importancia necesitarán la puesta en marcha por el técnico de la casa proveedora, como pueden ser lavadoras o televisores, este trabajo lo hace el empleado del distribuidor al que le compramos la mercancía. Al otro día de la entrega acudirá el técnico correspondiente. A veces son los mismos repartidores de la distribuidora los que llevan el encargo y lo ponen en funcionamiento. También se sirven de autónomos para el reparto de la mercancía, y estos cobran a tanto por transporte.

SITUACIÓN DEL LOCAL. 279

No es necesario volver a decir que el local ha de estar en buen lugar comercial, ya que de ahí dependerá, en cierto modo, que vendas o no vendas. La instalación de local es tan simple que no necesita decoración, solo necesitaran, un buen pintado en blanco de las paredes, estantes muy resistentes, y suficientes para poner mercancía como pueden ser televisores, y otros elementos de menor volumen, como microondas y demás artículos.
Las lavadoras y los frigoríficos necesitan estar sobre tarimas, y no puestos directamente sobre el suelo. La iluminación es básica, tal vez una buena iluminación de fluorescentes sería ideal. Será conveniente tener un departamento anexo para embalajes, y otros, que no interrumpan el buen desarrollo y aspecto del comercio.

EL ÉXITO ESTÁ ESPERANDO A LOS VALIENTES. 280

Cada negocio que se describe a lo largo de este libro, se podría decir que es parte de la trayectoria de toda una vida dedicada a diversos negocios. Nunca tuve reparos ni miedos a emprender lo desconocido. Cualquier actividad, por desconocida que fuese, la estudié con frialdad hasta encontrar dónde podía estar el secreto de su éxito. Después la planificaba hasta en lo más mínimo y, si le veía futuro, la ponía en marcha. Querido lector, tanto si eres un nuevo emprendedor como si llevas algún tiempo metido en negocios, no deseches nada de lo que leas en este libro, negocios sin aparente importancia te pueden servir como modelo para construir un imperio. Tu mayor fortuna la tienes en tu cabeza y no olvides nunca, que el dinero se gana con la inteligencia, y lo del trabajo físico corresponde a los planes de nuestra organización empresarial, por pequeña que sea. Si te acostumbras a planificar de antemano cualquier tipo de negocio que pienses acometer, estarás llamando a gritos a la suerte y al éxito, y cuando estas te encuentren, te perseguirá a lo largo de toda tu vida.

Ser comerciante o industrial puede ser un medio de vida, pero ser un verdadero negociante es un arte que se aprende. Deberás poner entusiasmo en todo tipo de negocio que te viene al pensamiento. Investiga hasta en el último resquicio sobre cualquier posible actividad, y descubrirás que existen infinidad de negocios al alcance de cualquiera.

Todos las personas llevamos algo dentro que nos quiere hacer mejores y más grandes, pero algunos no tenemos valor suficiente para decir de una vez ¡Basta! ¡Hasta aquí he llegado sin hacer nada importante con mi vida! Si pones tu corazón en lo que haces y a lo que te dedicas, triunfarás.

EL MUNDO PUEDE SER GRANDE O PEQUEÑO. 281

Hay personas para las que el mundo les puede parecer muy grande. Hay emprendedores a los que, cuando se desarrollan y despiertan en el mundo de los negocios, cada vez se les hace más pequeño. Cualquier emprendedor cree que su misión como tal ha terminado cuando su primer negocio funciona bien, y no sabe que es cuando mejor preparado está para secundar el mismo negocio en distinto puntos de la ciudad en la que habita, o cualquier otra distante. Recuerda la historia del sacristán inglés que fue despedido de su trabajo por analfabeto después de cuarenta años. Que puso una tienda de caramelos y cigarrillos al verse sin trabajo, y acabó con muchas pequeñas tiendas. Si tu nivel cultural es medio, tu economía nada boyante y llevas en tu corazón la rabia sana y la acometividad del guerrero, ayúdale a salir de tu interior y te comerás el mundo. El mundo puede tener seis mil millones de habitantes o más, y los emprendedores proveedores de todo cuanto consumen, puede que sean un diez por ciento o poco más. Amigo emprendedor, anímate y sé uno más de ese tanto por ciento, y tu vida cambiará para siempre. No vale la pena vivir de rodillas, sin poner a prueba lo que valemos, o somos capaces de hacer.

Siempre digo que hemos de supervisar todos los negocios que fundemos o pongamos en marcha. Todo es muy relativo, una planta hay que regarla para evitar que se seque y muera. Si a la persona responsable se le hace saber con claridad, que su futuro y su sueldo dependerán de que el negocio funcione con éxito, este pondrá su empeño en que así sea. Un negocio, pequeño o grande, no es necesario estar con él, pero sí estar en él y conocer cómo se mueve y funciona. Si un negocio se pone en marcha, sabiendo lo que llevamos entre manos, es muy fácil dejarlo en manos de empleados una vez "bien adiestrados". Pero ellos solos no funcionarán, si no les ayudamos con nuestros métodos de generación de ventas, con publicidad, ofertas para que acudan clientes en masa, y con todas las ideas que nos valgan para ese tipo negocio. Un representante de Coca-Cola me decía que su consigna era que cualquier hogar tuviera una de estas bebidas en su frigorífico, y que alguien de la familia se las bebería.

Gracias, querido amigo-a, felicidades. Has tenido paciencia leyendo hasta aquí. Estoy seguro que serás recompensado con creces, por creer en ti. Si alguna explicación no la tienes clara, repite la lectura de este, o envíame un correo a: con la página. emprendedoresactivos@gmail.com > y recibirás la respuesta a tu pregunta.

Nota:

ALGUNOS FABRICANTES DE: 282
SACOS PARA LA RETIRADA DE ESCOMBROS, EN ESPAÑA
CLIMESA c/. Castella, 52-54 T. 93 307 63 62, Fax, 93 308 56 49
08018 Barcelona- España.

MANUFACTURAS ORTE, S. L.
C/ Juan De la Cierva, 17. PLG. IND. COGULLADA, P. O. Box 5,089 T. 976 47 27 10, - Fax, 976 47 19 69
50014, ZARAGOZA –ESPAÑA .

¿POR QUÉ TRIUNFAN O FRACASAN ALGUNOS EMPRENDEDORES?

ÍNDICE

Sinopsis   3

INTRODUCCIÓN 4

CAPÍTULO-1º- 5

Primeros pensamientos 6
El Miedo, es la disculpa evitar riesgos.
Independencia y libertad económica. 8
La libertad no te elige, la eliges tú. 9
Cuándo se inicia un negocio. 10
Asesoramiento por seguridad. 10
El negocio que me salió mal, 11
La importancia de la planificación. 12
¿Qué tal me fue en mi primer negocio? 13
Cuando veía hacer "Churros" en ferias 14
Lo de fabricar fideos no fue premeditado 15
Un comercial en embrión. 16
Comienzan las ventas. 17
¿Que si el negocio de fideos era legal? 18
El imberbe comercial. 19
Las carencias despiertan el ingenio. 20
¿Quién tiene el cerebro vacío? 21
Los primeros peldaños de la escalera. 22
La profesión de negociante. 23
Haz lo que estés haciendo. 24
El bolígrafo, una idea maravillosa. 25
¿Que ocurre a muestro alrededor? 26
Anticipación, la ventaja de ser el primero 27
Nuestras ideas han de prevalecer. 28
Trabajando en equipo. 29
De los préstamos o créditos. 30
Lee periódicos de negocios. 31
Los compromisos por escrito. 32

Si no tienes nada será difícil, pero no imposible. 33
La suerte, la llevamos con nosotros. 34
Primero: ¿piso, o negocio? 35
El asesoramiento legal. 36
Dedica un tiempo a pensar. 37
Nuestro cerebro siempre está dispuesto a colaborar. 38
Comenta lo que no te perjudique. 39
Tus ideas no las digas a nadie. 40
¿Quién patrocina a los emprendedores? 41
Para perder la timidez, haz la prueba del valor. 42
Luchar y trabajar por nuestro futuro. 43
¿Cuántos artículos consumes en un día? 44
Ten a mano la lectura de este libro. 45
Mejora otros productos del mercado. 56
Marcas registradas. 47
No malgastes tu dinero. 48
El velo invisible. 49
Descubre necesidades del consumidor. 50
Formando tu personalidad. 51

CAPÍTULO 2º   52

La guerra con la competencia. 53
Tiendas que venden de todo. 54
Renovarse o morir. 55
Todo se vende y todo tiene un precio. 56
Las buenas compras se hacen personalmente. 57
Renovación de muestrarios. 58
Aliados de los emprendedores son consumidores. 59
El emprendedor sigue la obra. 60
El consumidor necesita novedades. 61
La astucia del emprendedor. 62
¿Quién frena al futuro emprendedor? 63
¿Quién anima a los emprendedores
Aventuras del emprendedor. 65
Un mundo de rosas. 66
Franquicias, otra forma de negocio. 67
Franquicias de bocadillos y secretos para vender muchos 68

Las franquicias. 69
El franquiciador cobra por todo, al franquiciado. 70
Manipular, imitar y modificar. 71
La suerte y el juego. 72
¿Por qué triunfan las ideas propias? 73
La compra directa a fabricantes. 74
El fabricante no debe fabricar para un solo cliente. 75
Una lámpara de mesa, como ejemplo. 76
Fabricante casi en broma. 77
La creación de negocios en cadena. 78
El segundo negocio, gemelo del anterior. 79
El jefe ha de estar en todos los sitios y en ninguno. 80
El ojo mágico que lo ve todo. 81
Trabajos extra, buena fuente de ingresos para comenzar. 82
Trabajos de fin de semana. 83
Las empresas de comida rápida. 84
Libros y prácticas. 85
Otra forma de encontrar ese trabajo. 86
Lo que se puede ganar. 87
Cada emprendedor tiene su técnica particular. 88
Los beneficios de los segundos negocios. 89

CAPÍTULO 3º 90

La vid, madre del vino, y el trabajo nuestra fuente de riqueza. 91
Cuándo se inicia un negocio. 92
¿Conoces el oficio de negociante?, 93
Observación en comercios. 94
Al éxito se llega con el esfuerzo. 95
Emprendedores sin preparación. 96
Ser económico sin pasar necesidades. 97
El ahorro y el orgullo. 98
Puntos de mira a tener en cuenta. 99
Sobre empleados y su rendimiento. 100
Sorprendente laboriosidad. 101
Marcas registradas. 102
Tus sueños marcarán tu camino. 103
(Parcelar terrenos, para huertos familiares) 104
Ejemplo de replanteo. 105

Solución de riego definitiva. 106
La venta del producto. 107
Tu cerebro y tu poder mental. 108
Ejercitando la memoria. 109
El triunfador se hace. 110
Organizadores y vendedores. 111
Los negocios y el personal asalariado. 112
Prima de productividad. 113
Conocer lo que hacen los otros. 114
Trabajando en equipo. 115
La importancia de los gastos generales.116
Gastos generales de un año. 117
Despido por reducción de plantilla. 118
Las metas se las pone uno mismo. 119

CAPÍTULO 4º   120

Información de locales comerciales. 121
Negociación de locales comerciales en alquiler. 122
Contrato por diez años. 123
Anotación individualizada de locales. 124
Cuando encuentres el local acertado. 125
Lugar de ubicación del local. 126
Intermediarios en locales comerciales.127
Contrato facilitado por el propietario.128
Ejemplo de contraoferta de contrato. 129
Traspaso de un negocio con trampa. 130
¿PorquE puede interesar un negocio en traspaso? 131
¿Por qué no puede interesar un traspaso? 132
Supuesto de un traspaso aceptable. 133
Autorización expresa del propietario. 134
Presupuesto para reformas. 135
Formas de pago de las reformas. 136
Negociando de la financiación de las reformas. 137
Proyecto de un técnico. 138
¿Dónde te instalarías para no fracasar? 139
Buscar hasta encontrar un buen local
Las agencias inmobiliarias. 141

Previniendo el final de un negocio en contrato. 142
Cláusula original de contrato. 143
Derechos por las reformas y traspasos. 144
Los intermediación, la entrega dinero a cuenta. 145
Del servicio de un abogado. 146
Ejemplo de cláusula de actividad en un contrato. 147
Cuantas más actividades, mejor. 148
¿Confianza o desconfianza en los negocios? 149
¿Que cómo puedes ser engañado? 150
La persona bien informada vale por dos. 151
Ejercita y haz trabajar tu memoria. 152
¿Que cuánto dinero se gana en los negocios? 153
.Sobre la fabricación. 154
Fabricante de helados. 155
Comercio de calzado y artículos de piel. 156
Precios de compra y de venta. 157
De la producción industrial y la fabricación. 158
Hostelería, y multinacionales de comida rápida. 159
El valor de tu tiempo. 160
Tiempo que se pierde en un negocio. 161
La economía del tiempo. 162
Venta bocadillos locales céntricos. 163
Las prisas no son buenas. 164
Anécdota sobre los consumidores. 165.

CAPÍTULO 5º   166

Fabricantes, mayoristas, almacenistas
y distribuidores.167
Venta de los productos. 168,
Cómo pondría en marcha una
fábrica de galletas.169
Herramientas del obrador. 170
Las tiendas de barrio de galletas y pastas. 171
Una fábrica vendía galletas partidas.172
La venta al por mayor de productos de
pastelería. 173
Vendedor urbano al por mayor. 174

Costos y beneficios. 175
La fabricación con maquinaria o artesanal.176
Fabricante de pañuelos. 177
Fábrica de camisas de caballero. 178
Distribución a las maquinistas. 179
Los pedidos se fabrican por encargo.180
Las ventas, la parte más importante
de un negocio.181
La importancia de las ferias de muestras.
182
Expón tus fabricados en una feria como
fabricante.183
Departamentos en las ferias de muestras.184
La entrega de locales en las ferias. 185
Traslado del muestrario a las ferias. 186
Los pedidos. 287
Terminada la feria. 188
La importancia de la publicidad. 189
Una fábrica necesita representantes. 190
Todo lo que se pacte en las ventas. 191
Antes de decidir el artículo que quieres fabricar. 192
¿Qué beneficios le cargarás? 193
Fabricación de productos alimenticios. 194
Locales o naves para talleres o fábricas. 195
Nave en propiedad. 196
Locales industriales para venta al por mayor. 197
¿Dónde compran los mayoristas? 198
Venta directa de fábrica, sin ser fabricante. 199
La primera vistita a un comercio. 208
Comercio de calzado y marroquinería. 209
Los vendedores en el comercio. 210,
El departamento más importante de un negocio. 211.

CAPÍTULO 6º   212

Instalaciones y reformas de albañilería
y saneamiento. 212--
Planificación inicial del local de exposición.213

La dependienta en la tienda. 214
Visita del técnico para ver un trabajo. 215
Presupuestos de trabajos vistos. 216
Compra de materiales y mercancía. 217
Visita del cliente a nuestro establecimiento.218
Planteamiento de forma de pago. 219
Comienza el primer cobro. 200
Valoración del tiempo de trabajo. 221
Inversión del negocio. 222
Comisiones por todo. 223
Cobro total de presupuesto. 224
Rentabilidad del negocio y del comercio 225
Centro de producción de trabajo. 226
Antes de iniciar el negocio. 227
La publicidad tiene prioridad. 228
Ayuda desde el principio. 229
Capacidad del local. 230
De la mercancía para exposición. 231
Actuación de la dependienta 232
Colocación de la mercancía en la tienda. 233
Herramientas de trabajo del dependiente. 234
Cuando un cliente hace una compra. 235
Aire acondicionado (mercancía de venta).236
Representantes. 237
Fabricantes y mayoristas. 238
Placas solares. 239
Bombas de agua y compresores. 240
Persianas. Cerámica y azulejos. 241
Placas y trabajos de escayola. 242
Sección de colchones. 243
Repetir el negocio por la experiencia. 244
Mercancía más idónea. 245
Calentadores de agua calientes o termos.246
La exposición de calentadores. 247

CAPÍTULO 7º   **248**

Retirada de escombros, como anexo a las reformas. 249

La ventaja del ganador. 250
El secreto está en crear negocios. 251
Ventas a plazos hasta sesenta meses. 252
Los bancos y entidades de crédito. 253
Alguno de los millonarios más poderosos. 254
Carpintería a medida. 255
Muebles de cocina y otros. 256
Las muestras de puertas ventanas
y demás productos. 257
Exposición de cocinas. 258
Carpintería metálica. 259
Cubrimiento de telas asfálticas
de terrazas y azoteas. 260
Anúnciate como especialista. 261
Captación de proveedores. 262
Buscando autónomos de diferentes gremios.263
Retirada de escombros. 264
Grúa de transporte para escombros
y otros servicios. 265
Comentario de servicios para el hogar. 266
Exposición de sillas de todas clases. 267
Funcionamiento del negocio de sillas. 268
Acopio de mercancía. 269
Instalación del local. 270
Planificación de de exposición DE SILLAS 271.
Local para almacén. 272
¿Que con cuánto margen de beneficio se trabajaría? 273
Apertura de un comercio de sillas. 274
Sillas y mesas para la hostelería. 275
Comercio de de electrodomésticos. 276
Adquisición y reposición de mercancía. 277
La compra en el comercio. 278
Situación del local. 279
El éxito está esperando a los valientes. 280
El mundo puede ser grande o pequeño. 281
Algunos fabricantes de: 282.

¿POR QUÉ TRIUNFAN O FRACASAN ALGUNOS EMPRENDEDORES?

¿POR QUÉ TRIUNFAN O FRACASAN ALGUNOS EMPRENDEDORES?

¿POR QUÉ TRIUNFAN O FRACASAN ALGUNOS EMPRENDEDORES?

¿POR QUÉ TRIUNFAN O FRACASAN ALGUNOS EMPRENDEDORES?

www.ingramcontent.com/pod-product-compliance
Lightning Source LLC
Chambersburg PA
CBHW072007200526
45167CB00021B/341